だいわ文庫

人生を整える
禅的考え方

枡野俊明

大和書房

はじめに

禅の基本に立ち戻る。それが本書のテーマです。

わたしはこれまで何冊も禅の本を書かせていただきました。お蔭様でたくさんの読者が手にとってくださり、禅を広く知っていただきたいという、わたしが常々抱いていた思いの一端はなんとかはたせたのではないか、と心から感謝をしております。

そのほとんどは禅の教え、考え方を日常生活の場でどのように実践として活かしていくか、というところに重点を置いたものでした。

「**禅即行動**《ぜんそくこうどう》」の言葉がありますが、禅はとにかく実践ですから、そうしたアプローチは禅に触れていただくうえで、とても大切なことですし、また、有意義でもあると思っています。

そのうえで、禅を知っていただくためには、別のアプローチもあるのではないか、という感覚をいつもわたしはもっていました。さまざまな禅的な実践の根本になっている、「禅の基本」から入るというのがそれです。

そもそも禅はどこに始まり、どのようにして日本に伝わってきたのか——。

禅といえば坐禅を思い浮かべる人が多いと思いますが、なぜ、禅では坐禅を修行の中心に据えているのか。修行でもちいる公案《こうあん》、いわゆる禅問答にはどんな意味があるのか。雲水《うんすい》（修行僧）の修行生活とはいったいどんなものなのか——。

基本について語るべきことはたくさんあります。そうであるにもかかわらず、数多く出版されている禅に関する本のなかで、それらはあまり語られてこなかったのではないでしょうか。実践を重んじるという禅の本分が書き手の念頭にあったからでしょう。

しかし、基本を知ることで、実践はいっそう力を増します。あらためてそのことに思い至ったことが、本書に取り組むきっかけになりました。

歴史をはじめとして禅を俯瞰《ふかん》的に捉えることで、その基本を詳《つまび》らかに、明らかに、していく。専門書を除けば、わたしにとってはじめてといってもいい試み。なかなかに骨太の作業でした。

仏教と切り離せないのが悟りです。禅ももちろん例外ではありません。では、禅の悟りの境地とはどのようなものなのか。それについて、わたしなりの考えをまとめました。

また、大悟《だいご》（最高位の悟り）を得た祖師方は何人もおられますが、その契機については興味深いエピソードが伝わっています。

それらのいくつかを紹介しました。おそらく、「えっ、そんなことが悟りのきっかけに！」と感じるのではないでしょうか。修行を一つひとつ積み重ねていって、やがて悟りに至るというイメージが一般的だと思いますが、じつはそうではないのです。そのあたりも禅の奥深さでしょう。

禅の修行といえば「厳しい」という印象をもっている方が多いと思います。しかし、その具体的な中身については、案外、知られていないのではないでしょうか。わたしが修行生活を送ったのははるか昔ですが、その日々を思い起こしながら、修行の詳細を綴ってみました。

一例をあげれば、修行どころか、修行道場への入門を許されるまでが大変なのです。門を叩いたものの、その厳しさに入門前に〝逃げだす〟人もいるほどです。禅の道に入る厳しさを象徴するのが、禅宗の開祖である達磨大師《だるまだいし》と二祖慧可《えか》大師のエピソードですが、それも紹介しています。覚悟を決めて禅の修行を「追体験」してください。

いまは国内外を問わず、禅ブームとなっています。坐禅に取り組んでいる人も増えていますが、その人たちには共通した思いがあるようです。

「坐禅をすることで何ごとにも動じない心をつくりたい」

「坐禅をして不安や悩みを解消したい」

といったものがそれです。しかし、それは本来の坐禅への取り組み方とは違います。**「只管打坐《しかんたざ》」**という言葉があります。読んで字のごとし、ただ、ひたすら、すわる、ということです。

これが坐禅の真髄。つまり、坐禅には「〜するため」「〜になるため」という目的はないのです。あえて目的をいえばすわることであり、**すわること自体がすべて**なのです。これは禅の基本中の基本。その基本を知ったら、坐禅に取り組む姿勢は確実に変わってきます。


日本には長く伝承されてきた文化や芸術、芸能があります。茶の湯や能楽、墨絵などはその代表格でしょう。それらは、禅と緊密にかかわっています。

侘《わ》び茶を完成させた千利休《せんのりきゅう》、現在の能に通じる猿楽の完成者である世阿弥《ぜあみ》は、ともに熱心に参禅し、のちに禅僧になっています。日本を代表する墨絵作家である雪舟《せっしゅう》も禅僧です。

また、日本独特の庭園である枯山水《かれさんすい》も禅僧である夢窓疎石《むそうそせき》によって、その礎《いしずえ》が築かれました。

このように、日本の文化、芸術、芸能の確たる源流として禅があるのです。このことも禅の基本として知っておいていただきたい重要な一面です。


禅はひとことでいえば、生き方をきわめるもの、少しかみ砕いていえば、人生を整えるものである、といっていいでしょう。禅の教え、考え方に則って日々を、もっといえば、その瞬間、瞬間を生きる。それは人生を整えていく一歩、一歩です。

その一歩を進める際のバックボーンとなるのが禅の基本を踏まえることだ、とわたしは考えています。背骨がしっかり通っていることで、足どりはたしかで力強いものとなるのです。

禅の教え、考え方は生活のあらゆる場面で活かすことができます。

どのように活かすかはそれぞれの人にゆだねられていますが、臨機応変に、また、自在に活かすには、やはり、基本が大事なのです。

本書は、禅を大きく捉えるものです。そのなかで禅の基本が次々に明らかになっていくでしょう。さあ、禅門に踏み入りましょう。

合掌

建功寺方丈にて

枡野俊明

人生を整える 禅的考え方

もくじ

第二章

「当たり前のありがたさ」を体得する

――禅と修行

第三章

「いまここ」に集中する

――禅と心

第四章 曇りのない心を探しだす

——禅

禅語

第一章

○只管打坐《しかんたざ》

○百尺竿頭進一歩《ひゃくしゃくかんとうにいっぽをすすむ》

○香厳撃竹《きょうげんげきちく》

○諸行無常《しょぎょうむじょう》

○無常者即仏性也《むじょうしゃそくぶっしょうなり》

○諸法無我《しょほうむが》

○色即是空《しきそくぜくう》　空即是色《くうそくぜしき》

○諸法実相《しょほうじっそう》

○眼横鼻直《がんのうびちょく》

○坐水月道場《すいげつどうじょうにざす》

○不立文字《ふりゅうもんじ》

○薫習《くんじゅう》

○即今《そっこん》、当処《とうしょ》、自己《じこ》

○放《はな》てば手《て》に満《み》てり

○利他行《りたぎょう》

○同事《どうじ》

○前後際断《ぜんごさいだん》

○修証一等《しゅしょういっとう》

○喫茶喫飯《きっさきっぱん》

○隻手音声《せきしゅおんじょう》

第二章

第三章

第四章

○不立文字《ふりゅうもんじ》　教外別伝《きょうげべつでん》
直指人心《じきしにんしん》　見性成仏《けんしょうじょうぶつ》

○一切衆生悉有仏性《いっさいしゅじょうしつうぶっしょう》

○趙州洗鉢《じょうしゅうせんぱつ》

○面壁九年《めんぺきくねん》

○本来無一物《ほんらいむいちもつ》

○曹源一滴水《そうげんのいってきすい》

○墨《すみ》に五彩《ごさい》あり

○因果応報《いんがおうほう》

○善因善果《ぜんいんぜんか》　悪因悪果《あくいんあっか》

○脚下照顧《きゃっかしょうこ》

○一期一会《いちごいちえ》

第一章

「一つ気づく」を体感する

——禅と悟り

「悟る」とは、どういう気持ちになることなのでしょうか。

大いなる力を授かっていることに気づき、その気づきを深めることです。

わたしが住職を務める寺（建功寺＝横浜市鶴見区）では日曜日に坐禅会を開いていますが、その折や講演会などでしばしばこんな質問を受けます。

「どのくらい禅の修行を続ければ悟ることができるのですか？」

難しい質問です。もちろん、修行を積み重ねていって悟りの境地に至ったという祖師《そし》方はおられます。しかし、それまでの期間が定まっているわけではありません。もっといえば、そもそも修行は悟るためにするものではないのです。

曹洞宗《そうとうしゅう》の坐禅の本質をいった言葉に「**只管打坐**《しかんたざ》」というものがあります。ただ、ひたすら、すわる。何かを得るためにすわるのでもなければ、何者かになるためにすわるのでもないのです。**すわることそれ自体に一心に打ち込む、全身全霊を傾ける。**それが坐禅です。

禅の修行のすべてが同じです。ただ、ひたすら、修行に打ち込んでいく。悟りの境地に至るのは、あくまでその結果であって、そこが目的でもゴールでもないのです。ですから、たとえ悟りを得たとしても修行が終わるわけではありません。それまでと変わらず、生涯続けていくべきもの。それが修行です。

「百尺竿頭進一歩《ひゃくしゃくかんとうにいっぽをすすむ》」

この禅語の意味は、百尺の竿の天辺まで上り詰めても、さらにそこから一歩、歩を進めなさい、ということです。つまり、どれほど高い心の境地に至っても、満足することなく、精進を続けることの大切さをいっています。禅の修行の在り様はこの語にいい尽くされている、といっていいでしょう。

悟るきっかけは十人十色

禅にはさまざまな禅僧の大悟《だいご》した瞬間のエピソードが伝わっています。なかでも有名なのが「**香厳撃竹**《きょうげんげきちく》」という禅語のもとになった、香厳智閑禅師《きょうげんちかんぜんじ》にまつわる話です。

香厳和尚《おしょう》は百丈懐海《ひゃくじょうえかい》禅師に師事し、百丈禅師が遷化《せんげ》（高僧が亡くなること）されたあとは、兄弟子にあたる潙山霊佑《いざんれいゆう》禅師について修行を積みます。しかし、潙山禅師から与えられた公案《こうあん》（禅問答の問い）の答えにどうしても思い至りません。

博識で知られた香厳和尚でしたが、その知識の豊かさゆえに頭で考えることにとらわれてしまい、かえって答えが見えてこないのです。考えあぐね、悩み抜いた末、香厳和尚は潙山禅師のもとを去り、それまで学んできた書物をすべて捨ててしまいます。

禅師が赴《おもむ》いたのは、かねてから深く敬愛していた慧忠国師《えちゅうこくし》の墓のある地でした。そこに草庵を結び、墓守りをする決意を固めたのです。

いつものように墓の掃除をしていたときでした。箒《ほうき》が小石を飛ばし、それが竹藪《やぶ》に入って竹に当たり、「カーン」という音を立てます。

その音を聞くのと同時でした。公案の答えがストンと落ちてきたのです。「ああ、そうだったのか！」。香厳和尚が大悟した瞬間です。深く大きな悟りを得たのです。

書物を読みあさり頭で考えている間は、手も足もでなかった公案が、くる日もくる日も心を込めて墓の掃除をしているときに明らかになったわけですが、ここはおおいに示唆的です。

そう、**悟りは頭で理解するものではなく、身体でわかるもの、体感するものなのです。**「腑《ふ》に落ちる」といういい方がありますが、それに近いといえるかもしれません。

もうひとつ、大悟に関するエピソードを紹介しましょう。

その著作によって禅を海外に広めた鈴木《すずき》大拙《だいせつ》さんの師でもあり、臨済宗圓覚寺《りんざいしゅうえんがくじ》派と建長寺《けんちょうじ》派の管長を兼務しておられた釈宗演《しゃくそうえん》禅師も、一風変わった大悟を経験されています。釈禅師がアジアのどこかの国に赴かれた際の船中でのこと。甲板で坐禅をしていると、ものすごいスコールがやってきて、全身ずぶ濡れになったのですが、そのとき、自分の身体がふわっと浮いていく感じがしたといいます。

スコールが去った後も坐禅をしていた禅師は、今度は蚊の大群に襲われます。それをものともせず、坐禅を続けた禅師。やがて、日が昇り、あたりが明るくなって自分の身のまわりを見ると、真っ赤なグミのようなものがたくさん散らばっていたのだそうです。

禅師の血をしこたま吸って飛べなくなり、落ちた蚊でした。そのとき悟りが開けた、と釈禅師は述懐しておられます。

このふたつのエピソードが示すように、悟りは「いつ」「どのようなかたちで」訪れるかわからないのです。ただ、いえることは、それまでに**倦《う》まず弛《たゆ》まず修行を積んできている、ということが絶対的な条件**だということです。修行を疎かにしていて、突如、悟りが得られるなどということはありません。

悟りとは、本当の姿に気づくこと

ここからは、少し具体的に悟りについて考えていきましょう。

わたしは悟りとは「気づく」ことだと思っています。いったい何に気づくのか。ひとことでいえば、「大宇宙の真理」に気づくということです。仏教ではそれを仏性《ぶっしょう》、真如《しんにょ》、あるいは仏、本来の自己といったりします。

では、大宇宙の真理とは何でしょうか。仏教の根本を示す次の言葉があります。

「**諸行無常《しょぎょうむじょう》**」

森羅万象《しんらばんしょう》、すなわち、この天地に存在するあらゆるものはとどまることなく、常に移ろいでいるという意味です。日本にはそれぞれに美しい四季があります。時代を問わず、地域を問わず、四季はめぐってきます。何千年前も、何千年後も、そのことは変わりません。

四季をもたらすのは時の移ろいです。春は春にとどまっていることなく、夏へと移ろいでいく。その夏も秋に移ろい、秋もまた冬へと移ろいでいきます。その移ろいを映しだしているのが自然といっていいでしょう。春にはさまざまな花が芽吹き、開花します。夏になれば葉の緑は色濃さを増し、秋の訪れとともに黄色や紅に色づいて、冬がくれば落ちて大地に還っていきます。移ろいをそのまま体現しているのです。

こちらも未来永劫《えいごう》変わることはありません。これが大宇宙の真理です。人も同じです。**一瞬たりともとどまることなく移ろいでいる。大宇宙の真理のなかで生きている、生かされているのです。**

そのことに気づくことが、悟りの重要な要件だと思います。

禅宗の開祖である達磨《だるま》大師から六代目にあたる慧能《えのう》禅師の言葉にこんなものがあります。

「**無常者即仏性也**《むじょうしゃそくぶっしょうなり》」

自分が移ろいでいる存在であることを感じている者は、仏性そのものとして（大宇宙の真理そのままに）生きているのだ、といった意味でしょう。悟りに至った姿がそこにあります。

仏教の根本を示す言葉がもう一つあります。

「諸法《しょほう》無《む》我《が》」

すべてのものはかかわりのなかで成り立っている、他といっさい関係性をもたずに存在しているものなどない、ということです。

自然を見ればそのことは明らかです。花が一輪咲く。そこには光、風、水（雨）、土……などたくさんのものがかかわっています。それらとかかわらずに花が咲く（存在する）ことはありません。

もちろん、人もかかわり合って存在しています。**誰ともかかわらず、たった一人で生きることなどできない**のはいうまでもないでしょう。これも大宇宙の真理であり、その真理に気づくことも悟りの要件です。

「色《しき》即《そく》是《ぜ》空《くう》　空《くう》即《そく》是《ぜ》色《しき》」

あなたも聞いたことがあるかもしれません。『般若心経』のなかにある言葉です。

色とは目に見えるもの、わたしたちの身体も含め、この世にある、あらゆるもの（森羅万象）のことです。

それは空である、すなわち、**実体などない（空）、常に移り変わり（諸行無常）、他のものとかかわること（諸法無我）で存在している**のである、というのが前段の意味です。

後段はそのことを逆に表現しています。つまり、実体のないもの（空）が、移ろうこと、かかわり合うことで、目に見えるもの（色）として、そこにあらわれている（現成）、ということをいっているのです。

仏教の根本である「諸行無常」「諸法無我」という原理が、すべての存在を成り立たせている、自分もそのようにして存在している、ということに気づき、しかも、それが身体でわかる。悟りをそんなふうにいうこともできると思います。

さて、こうしてみてくると、「自然」はわたしたちにきわめて大切なことを示してくれているという気がしませんか。道元《どうげん》禅師はこんなご道詠《どうえい》を残されています。

「峯《みね》の色《いろ》　渓《たに》の響《ひび》きも　みなながら　我《わ》が釈迦牟尼《しゃかむに》の　声《こえ》と姿《すがた》と」

山々の峰の景色も、渓を流れる川音も、自然を象徴するものでしょう。その自然こそお釈迦さまのお姿であり、説法のお声だ、と道元禅師はこの詩でおっしゃっているのです。

自然のなかにいて、お釈迦さまのお姿を、お声を感じとれるかどうかは「心眼《しんがん》（研ぎ澄まされた心のはたらき）」にかかっています。

しっかりと心眼が開かれていなければ、そうすることは不可能です。心眼も禅の修行を重ねることによって開かれていくのです。その意味では、心眼が開かれることと、悟りを得ることは、ほとんど同義だといっていいでしょう。

この世に満ち溢《あふ》れている本当の姿

真理に気づくことが、悟りに繫がっていきます。じつはこの世の中は、真理に満ち満ちているのです。それを教えるのがこんな言葉です。

「諸法実相《しょほうじっそう》」

諸法というのは存在するすべてのもののことです。自然の山や川、木や花はもちろん、わたしたち人間も諸法に含まれます。それらは悉く《ことごと》「実相」であるというのです。実相とは真実の姿という意味。真理といい換えてもいいでしょう。

至るところに真実の姿、真理があるわけですから、それに気づく機会もふんだんに

あるのです。たとえば、花は時を得て咲き、また、時を得て散ります。そこには何のはからいもありません。

人知を超えた大いなる力がそうさせているとしか考えようがないのです。禅ではその力を「仏さまの徳」ととらえます。仏さまの徳はあらゆる存在に行き渡っています。花が咲いているのを見て、仏さまの徳を感じる。散るのを見ても同じように、そこに仏さまの徳がはたらいているのを感じる。それも真理に気づくことです。

そのようにして一つずつ、この世に満ち満ちている真理に気づいていく。それは悟りへの道を一歩、一歩、歩んでいることにほかなりません。**一つ気づくことは、小さな悟りを得ること**といっていいかもしれません。

その小さな悟りを積み重ねていくなかで、先ほどお話しした大悟の瞬間が訪れるのでしょう。もちろん、誰もが大悟を得られるわけではありません。しかし、そこに向かって歩み続けることが大切なのです。

一歩、歩を進めれば、仏さまの徳が感じられます。さらに一歩進めば、また新たに仏さまの徳を感じられる。その繰り返しで、仏さまの徳のなかに生かされている自分を感じられるようになるのです。すると、その尊さがわかってきます。そのことに対する感謝の念が湧き上がってきます。

「ここに命をいただいて、仏さまの徳のなかに生かされている。その尊さを噛みしめよう。そのことに感謝して生きていこう」

日々をそのようにして生きることができるようになるのです。迷いなく、悟りへの道を歩んでいる姿といっていいでしょう。

眼は横に、鼻は縦に、ついている

日本で曹洞宗を開かれた道元禅師は中国にわたり、天童山《てんどうざん》の如浄《にょじょう》禅師のもとで修行をしています。大悟されたのもその地でのこと。坐禅をしているとき、隣の修行僧が居眠りをします。

坐禅中に居眠りをすれば、容赦なく警策《きょうさく》*で打たれます。「バシバシバシ！」というその修行僧が打たれる音を聞いて、道元禅師は大悟したと伝えられています。

その後、禅師は日本に戻りますが、その様子は〝異例〟でした。当時中国に渡った僧たちは、たくさんの仏典や仏像などを携えて帰国するのが通例でした。しかし、道元禅師は何ももたずに帰ってきたのです。

帰国した道元禅師は、京都に禅の根本道場として興聖寺《こうしょうじ》を建立します。その道場を開く際の説法のなかで語ったのが次の言葉です。

「**眼横鼻直**《がんのうびちょく》」

眼は横に、鼻は縦に、ついている、ということです。中国での四年間の修行を通して、そのことだけを得心した。そうであるから、仏典など何一つもたずに帰ってきたのだ、というわけです。

眼は横に、鼻は縦に、ついているのはきわめて当たり前のことです。しかし、その当たり前のことを成しているのは誰なのでしょう。親ではありませんし、ましてや自分がそうしようとした、ということではありませんね。

これも人知を超えた大いなる力の〝しわざ〟です。別のいい方をすれば、**大いなる力によってそのように授けられているのです。****そうであるならば、そのあるがままを、ありがたく、受けとっておけばいい**。道元禅師がこの言葉でいわんとしたのは、そういうことだと思います。

眼や鼻だけではありません。心臓も胃も腸も、血液の流れも、わたしたちの意志で動かしたり（流したり）、止めたりすることはできません。ここにも大いなる力がはたらいているのです。

そこに思いを至しただけでも、命を授かっている自分を、生かされている自分を、実感できるのではないでしょうか。

授かっている命を蔑《ないがし》ろにすることはできません。生かされている自分を、いい加減に生きることなどできないでしょう。一日一日を、いや、一瞬一瞬を、一生懸命に生きていくこと以外、命に、生に、応える方法はないのです。

悟りに繋がる**禅的生き方**がまさにそれです。

＊警策　坐禅のとき、修行者の肩や背中を打つための棒。警覚策励《けいかくさくれい》の略。曹洞宗では「きょうさく」、臨済宗では「けいさく」と読む。

「悟る」には、実際どうしたらよいのでしょうか。
悟りを開くにはよき師が欠かせません。

禅僧は誰もが修行道場で何年間かの修行生活を送っています。期間については二年、三年という人もいれば、五年、十年、あるいはそれ以上という人もいます。道場では師や先輩方に一から禅の手ほどきを受けるわけです。

悟りに至るうえで、師の存在は不可欠です。**よき師の正しい導きがあってはじめて、悟りへの道が開かれるのです。**一方、出家しないで参禅する人を居士《こじ》と呼びますが、居士にも悟りを開いた人はいます。勝海舟《かつかいしゅう》、高橋泥舟《たかはしでいしゅう》とともに「幕末《ばくまつ》の三舟《さんしゅう》」といわれた山岡鉄舟《やまおかてっしゅう》などがそうです。

しかし、山岡も天龍寺《てんりゅうじ》の由理滴水《ゆりてきすい》禅師、圓覚寺《えんがくじ》の今北洪川《いまきたこうせん》禅師など、すぐれた師についています。

師に悟りを開いたと認められると「印可《いんか》」という〝証明書〟が与えられます。山岡に印可を与えたのは滴水禅師です。

この印可制度は現在の曹洞宗ではほぼ姿を消していますが（一部で潜《ひそか》に伝えられているともいわれます）、臨済宗ではいまでも続いています。印可には「偈文《げもん》」という短い漢詩が書かれます。何を書くかは師によって違うようですが、多くもちいられるのは次の偈文だと聞いています。

「**坐水月道場**《すいげつどうじょうにざす》」

水月とは水に映った月のことです。水面に月影が映っている。月影を映しだす水面も、水面に入っている月も、ともに無心でどこにも含むところがない。その無心こそ悟りの境地であり、いつもその心ですわりなさい、といった意味でしょう。

例外的に師につかずに悟りを開いたのが、大日房能忍《だいにちぼうのうにん》という日本達磨宗《にほんだるましゅう》の和尚です。能忍は比叡山《ひえいざん》に伝わる禅門を集大成し、みずからの修行で悟りを開いたとされています。

ただし、師をもたなかったことに対する周囲の風当たりが強く、のちに弟子を中国に赴かせ、悟った経緯を拙庵徳光《せったんとっこう》という禅師に説明させたうえで、徳光禅師から印可証明を受けています。

禅宗には「師家《しけ》」と呼ばれる方がいらっしゃいます。みずからも悟りを開き、弟子を指導する堂々たる力量を備えた方のことですが、師としてもっともふさわしいのがこの師家の方々です。

お釈迦さまは、時空を超えた永遠の師

わたしは常々、坐禅を始めるときには禅僧の指導を受けることをおすすめしています。自己流、みようみまねではポイントやコツがなかなか飲み込めないからです。しかるべき人に、しかるべき指導を受ける。それが坐禅への正しい取り組み方だといっていいでしょう。

悟りについても同じことがいえます。道を指し示してくれる師がいることで、修行に邁進できますし、迷ったり、戸惑ったりすることもないのです。

「**磨《みが》いたら　磨いただけの　光《ひかり》あり　何《なん》の玉《たま》でも　性根玉《しょうねだま》でも**」

これは静岡県三島市にある龍澤寺《りゅうたくじ》の住職をしておられた山本玄峰《やまもとげんぽう》老師の言葉です。

山本老師は若い頃に眼を患って失明しました。出家したのはその後ですが、弟子はもちろん、多くの人たちに慕われた高僧です。

太平洋戦争末期には鈴木貫太郎《すずきかんたろう》首相に終戦を勧め、有名な「耐え難きを耐え、忍び難きを忍び」という文言を詔勅《しょうちょく》に入れるよう進言したとされています。

性根玉は「心」のことで、言葉の意味は、どんな玉も、心も、磨けば光ってくる、ということです。逆にいえば玉も、心も、光らせるためには磨かなければいけない、ということでもあるでしょう。

しかし、やみくもに磨けばいいというものではありません。どのような磨き方をするかで光り具合は違ってきます。磨き方を誤れば、光は鈍くもなり、澱《よど》んだものにもなります。

正しい磨き方に導いてくれるのが師です。その薫陶《くんとう》を受け、正しく、丹念に磨き続けることで心は光を放ってくるのです。そして、最高の光を放つ悟りに至ることもできるのです。

禅には「**不立文字**《ふりゅうもんじ》」という言葉があります。**ほんとうに大切な教え、禅の真髄は文字や言葉では伝わらない、自分が繰り返し、繰り返し、実践していくことによって身**

体で感じとるものだ、ということです。

ですから、師は仏典の解説や言葉による説明で導くのではありません。その生きざま、こまかくいえば、立ち居振るまいや姿によって導くのです。弟子は師の一挙手一投足をしっかり胸に刻みつけながら、それを実践していくというのが、禅の修行の基本的な在り方、心の磨き方だといっていいでしょう。

「薫習《くんじゅう》」

そのことをいっているのがこの禅語です。もともとの意味は、衣替えの際、衣服の間に防虫香というよい香りがするお香をはさんでしまっておくと、次にその衣服に袖を通すときには、よい香りが移っている、ということです。

そこから転じて、よき師についていると、いつかその立ち居振るまいをはじめ、価値観やものの考え方、生き方までが身についてくる、ということをこの禅語はあらわしています。

師のそばにいて「まねる」ということが、禅ではとても大事です。曹洞宗大本山永《えい》平寺《へいじ》の第七十八世貫首《かんしゅ》を務められた宮崎奕保《みやざきえきほ》禅師の言葉を紹介しましょう。

「学ぶということは、まねをするというところからでておる。一日まねをしたら一日のまねや、それですんでしまったら。二日まねして、あとまねをせなんだら、それは二日のまね。ところが一生まねしておったら、まねがホンマもんや。だから、まねがまねになってしまわんようにすること、それが大事や。そしてそれは、口でいうより実行や」

まねるべき師、学ぶべき師がいない〝独学〟〝独習〟では、やはり、悟りに近づくのは難しいということでしょう。

禅ではいうまでもなく坐禅を非常に重んじますが、これもお釈迦さまの〝まね〟なのです。お釈迦さまが悟りを開かれたのは三十五歳のときです。修行行脚《あんぎゃ》の途中、村娘から乳粥《にゅうしゅく》（ミルク粥）の布施《ふせ》を受けられ、気力をみなぎらせたお釈迦さまは、菩提《ぼだい》樹《じゅ》の下で坐禅に入られます。ちなみに、その村娘の名はスジャータ。

七日七晩すわり続けたお釈迦さまは、明け方悟りを開かれます。その模様を伝えるのが次の言葉です。

釈迦牟尼仏《しゃかむにぶつ》、明星《みょうじょう》を見《み》て、悟道《ごどう》して曰《いわ》く
我《われ》と大地有情《だいちうじょう》と同時《どうじ》に成道《じょうどう》す

その意味は、「お釈迦さまは明星をごらんになり、悟りを開かれておっしゃいました。わたしはこの世のあらゆるものと同時に悟りを得た」ということです。

その後も、お釈迦さまは入滅《にゅうめつ》されるまで坐禅を続けておられます。禅僧が坐禅をするのは、お釈迦さまのまねをして、お釈迦さまがされた坐禅を実践することで、少しでもその境地に触れたいと願うからです。

お釈迦さまは、禅僧はもちろん、すべての仏教者にとって、時空を超えた〝永遠の師〟として存在しておられるのです。

悟りを妨げるという「煩悩」とは何でしょうか。

生きているかぎり、人間からなくならない欲や執着です。

大晦日《おおみそか》につく除夜の鐘の数は百八。これは人が抱えている煩悩《ぼんのう》の数だといわれています。一年を終えるにあたって、同じ数だけ鐘をつくことで煩悩を追い払う。諸説があるようですが、もっとも有力なのがその説でしょう。

煩悩とは「何かが欲しい」という我欲《がよく》や、ものや地位、あるいは人に対する執着《しゅうじゃく》、根拠のない思いに縛られる妄想《もうぞう》などのことです。人はこの煩悩にとらわれやすいのです。それが苦しみの原因にもなっています。

欲しいと思ったものが手に入らないことで悩みが生まれ、悩みが解決されないことで苦しむことになる、という構図です。例をあげましょう。

たとえば、女性はいつまでも若さを保ちたいと考えたりするのではないでしょうか。若さに対する執着です。しかし、誰も加齢現象から逃れることはできません。運動をしても、サプリメントをもちいても、それなりに歳をとっていきます。そこで、

「肌のつやもなくなったし、シワもこんなに増えてきてしまって……」

と、老いること、すなわち若さを保てないことが悩みになる。しかし、いくら悩んだからといって解決策はないわけです。その結果、解決できないことで悶々《もんもん》とする。悩みが苦しみに転じるのです。

もちろん、若くありたいと願うことはいいのです。そのために努力をするのもよし。大切なのは、**願い、努力した「結果」をそのまま受け容れること**です。

「二十代というわけにはいかないけれど、四十代でこの肌つやならなかなかのものだわ。これも努力のたまものね」

これなら、悩むことも、苦しむこともありません。煩悩から離れた姿といっていいでしょう。

少し余談になりますが、古来、若くありたいというのは煩悩の最たるものであったようです。権力者がいちばん求めたのは「不老長寿《ふろうちょうじゅ》」でした。それを叶えるために薬

草を探した。その任にあたったのが主にヨーロッパのプラントハンターです。

彼らは世界中にでかけ、不老長寿の薬草こそ見つかりませんでしたが、珍しい植物や香料、食べものなどを祖国にもたらしました。権力者の煩悩の〝効用〟といえるかもしれません。そしてもう一つの大きな成果は、新大陸の発見にも繋がったということです。

欲から離れることと、欲がないことの違い

我欲は煩悩だといいましたが、まったく欲がなければいいというものではありません。たとえば、こんなタイプ。

「別に欲しいものはないし、何者かになりたいわけでもない。まあ、どうにか生きていればいいや。今日は一日寝ているか……」

ものも求めなければ、地位や役割にも頓着しない。ただ、流されるままにその日、その日を生きている。欲がないといえば、たしかにそうですが、これは「意欲」さえもなくした自堕落な生き方です。

「即今《そっこん》、当処《とうしょ》、自己《じこ》」

この禅語が意味しているのは、いまその瞬間に、その場所で、自分がなすべきことをやっていくことこそが大切なのだ、ということです。

どんな人にもそのとき、その場所でなすべきことがあります。そのことを、意欲をもってしっかりとやっていく。それが生きるということの基本です。のんべんだらりと日々を送ったのでは、何も得るものがありませんし、だいいち、せっかくいただいた命に対して失礼です。

欲から離れるというのは、なすべきことをやるということに集中し、結果に拘泥《こうでい》しないということです。仕事であれば、全力でそれに取り組む。しかし、それが評価を得られるか、得られないか、ということにはこだわらない。

評価にこだわれば、なんとかいい評価を得ようとして仕事をすることになります。その思いが嵩じれば、なりふりかまわず評価を求める、評価を得るためには手段を選ばない、といった仕事の仕方にもなりかねません。

評価を得たいという欲、煩悩に振り回されるのです。結果はあくまであとからついてくるもの。自分はできるかぎりの力を尽くせばいい。それが欲から離れた仕事への取り組み方でしょう。

なすべきことをやるということに徹していれば、それが何であれ、達成感、納得感が得られますし、結果で右往左往することもありません。仮にいい結果に結びつかなくても、必ずそれを次の仕事に活かすことができます。アイルランド出身の作家であり、詩人でもあるオスカー・ワイルドの言葉にこんなものがあります。

「経験とは、みんなが失敗につける名前のことだ」

失敗はかけがえのない経験なのです。経験が自分を成長させる糧《かて》であることはいうまでもないでしょう。ただし、条件があります。一生懸命やって失敗すること、全力で取り組んで失敗すること、がそれです。

ちゃらんぽらんにやった結果の失敗では、糧になるはずもありません。条件をクリアする方法はたった一つ、**欲から離れる**ということです。

煩悩を手放すことで、得られる自由

煩悩を一つずつ削ぎ落としていく。それが禅の修行といってもいいと思います。しかし、生きているかぎり煩悩がなくなるということはありません。仏教では「苦」の原因は煩悩であるとしていますが、苦についてお釈迦さまはこうおっしゃっています。

「汝《なんじ》らよ、この世《よ》は苦《く》に満《み》ちている」（『遺教経《ゆいきょうぎょう》』）

そうであれば、苦の原因である煩悩も人の心に満ちているということでしょう。わたしは、心に煩悩が貼りついた状態を「心のメタボリックシンドローム」と呼んでいます。身体のメタボは見えますから、自覚ができますし、解消への取り組みもできますが、心のメタボのほうは見えないだけにやっかいです。いつのまにか何層にも煩悩が貼りついてしまうということにもなるのです。

「人《ひと》はひとくきの葦《あし》にすぎない。自然《しぜん》のなかでもっとも弱《よわ》いものである。だが、それは考《かんが》える葦である」

フランスの思想家ブレーズ・パスカルの有名な言葉です。わたしは人が〝考える葦〟であるということが煩悩とかかわっているのではないか、と思っています。考えるから煩悩にとらわれるのです。

たとえば、食べるということにしても、犬や猫などの動物は空腹が満たされたらそれ以上食べることはしません。おなかがいっぱいになっても、まだ詰め込もうとするのは人間だけです。なぜでしょう。

「おいしい料理だし、高いお金を払っているのだから、全部食べないと損をしてしまうかも」

そう考えるからです。考えることによって損得勘定がはたらきます。ものごとを損得で判断するのは煩悩のもとです。残せば、「ああ、もったいないことをしたなぁ」と悩むことにもなりますし、無理して食べきっても、「食べすぎてしまった。ドクターから痩せるようにいわれているのに、これはまずい」と悔やむことにもなる。どちらも煩悩にとらわれています。

仕事でも人間関係でも、損得は顔を覗かせます。いくつかの仕事のオファーがあったりすれば、「どの仕事を引き受けるのが得か」と考えますし、人間関係でも、つきあったら得な人間か、損な人間か、という思いが浮かぶはずです。

一瞬の間なら損得を思ってもいいのです。大事なのはその思いを引きずらないこと。それが禅です。

一休さんの名で知られている一休宗純《いっきゅうそうじゅん》禅師にこんな逸話が伝わっています。

ある日、弟子をともなって街にでかけた一休さんは、寺に戻る途中で鰻屋の前を通りかかります。店からは鰻を焼く香ばしいにおいが漂ってきます。「うまそうじゃな」。

一休さんはポツリと呟きます。

寺に着くと、弟子が一休さんを問い詰めるかのように尋ねます。

「お師匠さまは先ほど鰻屋の前で『うまそうじゃな』とおっしゃいました。仏の道を行く者が、生臭ものなどにそんなおっしゃり方をしてよろしいのですか？」

それを聞いた一休さんはこともなげにこういいます。

「なんだ、おまえはまだ鰻にとらわれておるのか。わしは、そんなものは鰻屋の前に置いてきたわ」

鰻のにおいをかいで「うまそうだ」と感じるのはごく自然のことですし、少しも悪いことではありません。その思いをその場（鰻屋の前）に置いてくれば、もう、鰻にとらわれることはないのです。一休さんがそうです。

一方、弟子は寺に戻ってからも鰻にとらわれています。ずいぶん時間が経つのに、まだ鰻のことが頭から離れない。

「うまそうだったなぁ。坊主じゃなかったら食べられたのに……」

心がそんな思いでいっぱいになっているかもしれません。鰻のことを引きずり、それが煩悩になっているのです。

損得の思いがよぎっても、その場に置いてしまう、その場で手放してしまえば、悩むことも、迷うこともないのです。損得の思いを引きずり、それがいつまでも心にとどまっているから、「こっちが得だな。いや、逆にあっちが得かもしれない」と悩みや迷いにつかまることになる。

損得の思いを置く、手放す。禅ではとても重要なことです。そのことで煩悩の多くは剥がれていきます。すっかりなくなることはない煩悩ですが、いや、すべてなくすことができないからこそ、一つずつでも剥がしていくことが大切なのです。

身体のメタボは、内臓脂肪を落とせば、落としたぶんだけ身体が軽くなります。心のメタボも同じです。煩悩を削ぎ落とせばそのぶん心が軽くなる。すっきり軽くなった心は自由で、しかも豊かです。

道元禅師はこんな言葉も残されています。

「放《はな》てば手《て》に満《み》てり」

放すことは失うことではない。それどころか、放したことでほんとうに大事なもの、ずっとすばらしいものが得られるのだ、という意味だとわたしは受けとっています。

煩悩を削ぎ落とす（放つ）ことで得られる、自由で豊かな心ほど大事なもの、すばらしいものがあるでしょうか。

それはまさしく禅の心です。

「欲」を落とす方法はありますか。

いちばんシンプルなものでいうと、基本の煩悩を消す処方箋は「呼吸」です。

煩悩はどれもやっかいなものですが、とりわけとらわれやすいのは欲かもしれません。高度な情報化社会である現代は、ものに関しても、その他についても、欲を刺激する情報にあふれています。

「このブランドはセンスアップのための必携品」

「確実に○キロ痩せる究極ダイエットはこれだ！」

「これが仕事のスキルを格段に高める驚きのノウハウ」

インターネットを中心にこれでもか、これでもか、というほど情報が発信されています。いやでも「これが欲しい」「こうなりたい」という欲が掻き立てられます。

しかし、欲についてお釈迦さまはこうおっしゃっています。

「人間の欲望というものは、たとえヒマラヤの山をすべて黄金に変えたところで、満たされることはない」

そうなのです。欲には際限がない。欲を野放しにしてしまうと、それはどこまでもふくれあがります。歯止めが利かなくなるのです。欲しいものを手に入れたら、そのときは満足するかもしれませんが、すぐにもまた別のものが欲しくなる。

実際、ネットショッピングで商品を次々に買い、支払えなくなって破産する人さえいるのがこの時代です。情報を提供する側の〝戦略〟はじつに巧みです。

その戦略に易々とはまらないためには「呼吸」が有効です。深く、ゆっくりした腹式呼吸をする。坐禅でもちいる丹田呼吸です。

禅には「**調身**《ちょうしん》」「**調息**《ちょうそく》」「**調心**《ちょうしん》」という言葉があります。姿勢をととのえる、呼吸をととのえる、心をととのえる、という意味です。姿勢、呼吸、心の三つは深くかかわっています。

つまり、**姿勢をととのえることで呼吸がととのい、ふたつがととのうと、心もととのっていくのです。**

欲に歯止めが利かなくなるのは、冷静な判断ができないからでしょう。それがほんとうに必要な情報かそうでないかが見定められない。これは心の乱れ以外のなにものでもありません。乱れた心で情報と向き合うから判断を誤ることになるのです。

姿勢、そして呼吸をととのえることによって、心をととのえていけば、冷静な判断ができるようになります。欲という煩悩にいたずらに煽《あお》られることはなくなるのです。

骨盤を立てて呼吸をすると、欲はしぼんでいく

丹田呼吸をするためには、まず姿勢をととのえることです。骨盤（腰）を立てるのがポイント。腰は身体の「要」ですから、腰がしっかり据わっていないと、正しい呼吸もできません。

猫背の姿勢だったり、前かがみになっていたりすると、自然に呼吸は浅い胸式呼吸になります。下腹をグッと思いっきり前にだすと骨盤が立ち、スッと背すじも伸びます。これで丹田呼吸をする態勢がととのいます。

その姿勢で、まずは邪気をだすつもりで口からゆっくり息を吐きだします。ここからは鼻呼吸。意識するのは丹田、おへその下二寸五分（約七・五センチ）の位置です。

その丹田から空気をすべて口から吐ききってしまう意識で吐きだしましょう。

吐ききったら、自然に空気が入ってきますから、吸うことは意識する必要はありません。鼻から吸った息も丹田まで落とすようにします。この呼吸をできるだけ深く、ゆっくりおこないます。繰り返しているうちに、心が穏やかに、静かに、ととのってくるのが感じられるはずです。

心がととのったら、不思議なもので、「欲しくて、欲しくて、たまらなかった」ものも、「なくてもかまわないじゃないか」と思えるようになります。欲がしだいにしぼんでいくのです。

禅には「知足《ちそく》」という考え方があります。**「足る」を「知る」**ということです。お釈迦さまの言葉を紹介しましょう。

「知足《ちそく》の人《ひと》は地上《ちじょう》に臥《ふ》すと雖《いえど》も、なお安楽《あんらく》なりとす。不知足《ふちそく》の者《もの》は、天堂《てんどう》に処《しょ》すと雖も亦意《またこころ》に称《かな》わず。不知足の者は、富《と》めりと雖も而《しか》も貧《まず》し」

足ることを知っている人は、地上に寝るような暮らしをしていても、心は安らかで、幸せを感じることができる。足ることを知らない者は、天にある御殿のようなところに住んでいても満足することがない。足ることを知らない者は、どれほど裕福であっても、心は貧しい、ということです。

足るを知るとは、「いまのままで十分。それだけでありがたい」と常に感じながら生きることだといっていいでしょう。それが心の安らかさ、豊かさ、幸せ感に繋がっている、とお釈迦さまはおっしゃっています。

もう、いうまでもないと思いますが、欲を離れた心、欲を超えた心が知足の心なのです。その土台となるのがととのった心だ、とわたしは思っています。心が乱れたり、騒いだりすれば、知足の心からは遠のくばかりです。

この時代に生きていたら、欲が刺激されるのは仕方のないことかもしれません。しかし、刺激されるまま放置していたら、欲にまみれることにもなります。丹田呼吸は刺激された欲をしぼませ、鎮め、やがては消し去って、穏やかな心、すなわち、ととのった心に立ち戻らせてくれます。

心に乱れが生じたら、心が騒ぎそうになったら、まず、呼吸をととのえる。それが禅の手法です。それを日常生活で体現していくことは、知足の心を培っていくことにほかなりません。

禅の長い歴史のなかで、祖師方は修行（坐禅）を通して、この呼吸と心の密接な関

係に気づいたのです。修行を積み重ねるという体験がもたらした「智慧」といってい
いと思います。
そうした貴重な智慧をみずからも実践することによって活かしていく。そのことも
禅を行じる者、禅に向き合う者に欠かせない姿勢だと思っています。
よく、禅は哲学だといわれます。たしかに、考え方は哲学にかぎりなく近いものだ
といっていいでしょう。しかし、哲学が考え方を大系としてまとめ上げる、語弊を怖
れずにいえば、〝机上の作業〟であるのに対して、禅は徹底して日常のあらゆる場面
で実践していきます。それが修行といわれる所以《ゆえん》です。
その点で、両者は決定的に違っています。実践にすべてがある。それが禅です。

「祈る」というのは、何をすることでしょうか。悟りとは違うものですか。

いま、その瞬間の自分の心を集中させ、自分以外のことを念ずることです。

宗教に共通しているのが「祈る」ということです。キリスト教では神であるイエス・キリストに、イスラム教ではアッラーの神に祈りを捧げます。禅（仏教）でも祈ることは欠かせませんが、表現としては「念じる」というほうがピタリときます。

「念」という字を見てください。「今」の「心」と書きます。この字の成り立ちが、念じることの意味をそのままあらわしているのです。**いま、その瞬間の自分の心をそこに集中させる。それが念じるということです。**

あなたも、年に何度かは念じることがあると思います。初詣に行って手を合わせる、旅行の途中で立ち寄ったお寺にお参りをする。そんなときには必ず「何か」を念じているはずです。

「今年一年すこやかに過ごせますように」「家族が仲よく暮らせますように」「めざす学校に合格できますように」「素敵な恋人とめぐり逢えますように」……。何を念じるかは人それぞれでしょう。

しかし、いまあげた念じ方は、じつは、正しくないのです。いずれも「自分のこと」を念じています。本来はそうではなくて、**自分のことではなく、「自分以外の人のこと」を念じるものなのです。**

「(病気療養中の)あの人が早く元気になりますように」「両親がいつまでも健康でいますように」「友人が立ち上げた会社がうまく回転していきますように」「結婚した彼女が幸せになりますように」……という塩梅です。

自分以外の人の健康や成功、幸せを思って、そのことに心を集中する。念じるとはそういうことです。

なぜなら、禅には自分だけがよくなるという考え方がないからです。**人がよくなることがそのまま自分がよくなることに繋がる、とするのが禅です。**前にお話しした

「**諸法無我**」という言葉を思いだしてください。

人はかかわり合いのなかで生きています。ですから、自分だけがよくなることはあり得ません。まず、相手によくなっていただくことによって、関係性がよくなり、そのよさが自分に返ってくる。この流れは絶対です。こんな禅語があります。

「**利他行**《りたぎょう》」

文字どおり他人を利するおこないをすることです。これが禅的な行動の原則といっていいでしょう。他人を利するといっても、もちろん、自分を犠牲にするということではありません。

たとえば、体調を崩した友人の快癒を念じる。これも利他行ですが、念が通じて友人が元気になったら、自分も幸せな気持ちになりませんか。快癒を念じるという利他行が、自分に幸せをもたらしてくれるのです。

お賽銭を投げるのは、執着を手放すこと

何かを念じるときにはお賽銭を投げます。これを「喜捨《きしゃ》」といいます。喜んで捨てる。ちょっと考えると、自分のお金を手放すことと喜びは結びつかないような気がす

るかもしれません。

しかし、お賽銭を投げることによって手放すのはお金だけではありません。お金に対する執着も、同時に手放しているのです。人がつかまりやすい煩悩である執着が一つ断ちきれるのですから、これは喜びといっていいのではありませんか。

また、昔からお賽銭はめぐりめぐり、より大きなものになって、自分のところに戻ってくるといわれます。「情けは人のためならず」ということわざも同じことをいったものでしょう。

お賽銭を投げる、人に情けをかける、ということは「してあげる」行為のように思いますが、じつはそうではなくて、もっと大きな恵みが、より深い情けが自分に戻ってくるのですから、「させていただく」行為なのです。

どんな行為、おこないも「してあげる」のではなく、「させていただく」と捉えること。禅では大切なものごとの見方、考え方です。

念じるときには**合掌**をします。この合掌にも意味があります。右の手のひらは相手を、左の手のひらは自分をあらわしています。ですから、両方の手のひらを合わせることは、相手と自分の心を一つにするということなのです。

「同事《どうじ》」

道元禅師の言葉ですが、禅師はこう説明されています。「同事というは不違《ふい》なり」。不違は違わないということです。何が違わないのか。相手と自分が違わないのです。つまり、**同事とは相手と自分を区別しないこと、相手が感じるように自分も感じ、相手が考えるように自分も考えることだといっていいでしょう。**

相手と心を一つにすることと似ていませんか。そう、合掌は道元禅師のおっしゃる「同事」の実践なのです。

わたしは日常的にも合掌をしていただきたい、と思っています。仏壇の前で手を合わせ、ご先祖さまと心を一つにして、朝はその日一日精いっぱいやることを誓う、夜には一日を無事にすごせたことを感謝する。

朝と夜、わずか数分のおこないですが、まぎれもなく、禅を取り入れた暮らしがそこにあります。

お釈迦さまは「生老病死《しょうろうびょうし》」を四苦、生きていることにともなう四つの苦しみとしました。仏教でいう苦とは「苦しい」ということではありません。思いどおりにならないことを思いどおりにしよう、したい、と考える。しかし、当然ながらその思いは叶わないわけです。そこに苦が生じる、とするのが仏教の考え方です。

人は自分が思うように生まれてくることはできませんし、老いていくことも、病に伏すことも、死ぬことも、自分ではどうにもなりません。ですから、苦となるのです。

禅では「死」をどうとらえますか。

その瞬間を生ききり、死にきる。まっとうすることが禅の考え方です。

四苦のなかで人がいちばん怖れや不安を抱くのは「死」ではないでしょうか。死ぬときにはどんな思いになるのか、死んだらどこに行くのか……何もかもわからないことだらけです。

そのわからないということ、「未知感」が怖れや不安の源泉でしょう。禅も死を「解き明かす」ことはしていません。しかし、それをどう捉えるか、どう受けとめるか、については示しています。

「前後際断《ぜんごさいだん》」

これは道元禅師が著した『正法眼蔵《しょうぼうげんぞう》』の「生死の巻」のなかにある言葉です。その意味を薪と灰を例に引いて、道元禅師は説明しています。

薪は燃えて灰になります。つまり、薪の延長線上に灰があると見えるわけです。別のいい方をすると、薪は灰の「前の姿」であり、灰は薪の「後の姿」である、という見方をする。

しかし、道元禅師はそうではないとおっしゃるのです。薪は薪で絶対の姿であり、灰は灰で絶対の姿である。両者は繋がっているように見えるが、それぞれ切り離されている（際断）。それが道元禅師のいわんとするところです。

生と死も同じです。生の延長線上に死があるのではないのです。先の例にあてはめれば、生は死の前の姿ではなく、死は生の後の姿ではない。それぞれ絶対の姿としてあるということです。

ですから、その絶対の姿をまっとうしなさい、と道元禅師はおっしゃっている。**生の姿であるときは「生ききる」、そして、死の姿になったら「死にきる」。それがそれぞれをまっとうする**ということでしょう。

生きているときは、その瞬間、瞬間を一生懸命、ひたすらに生きればいい。それが生ききるということであって、そうしていれば、死をそのまま受け容れることができる。それが死にきるということではないでしょうか。

日本人にはもっとも馴染み深い禅僧の一人である良寛《りょうかん》さんはいっています。

「死《し》ぬる時節《じせつ》には死ぬがよく候《そうろう》」

死ぬときがきたら、ただ、死んでいけばよいのだ、ということでしょう。これは良寛さん流の「死にきる」ということの表現だと思います。抗《あらが》おうと、叫ぼうと、泣こうと……生を受けた以上、死は必ず訪れます。逃れようがないのです。

そうであるなら、受け容れることがいちばん「シンプル」な死との向き合い方だと思いませんか。禅はシンプルを旨とします。

一休さんにも、こんな逸話が伝わっています。

さる大名が臨終の床にあるとき、死の不安から逃れるために、高僧に何か言葉をいただきたい、と望みます。そこで家臣が一休さんのもとに赴き、それを願いでます。大名のもとにやってきた一休さんは、周囲がどんなありがたい言葉がいただけるか、と固唾《かたず》を呑むなか、こういうのです。

「おう、先にいっとけ。わしも後からいくぞ」

死は何も特別なことではない。先か後かが違うだけで、みんな死ぬのだから、心配しないで死んでいきなさい。自分も後からそこにいくからな、というわけです。これも「(死の) 受け容れ」のすすめに聞こえます。

禅はどうにもならないことは、そのまま受け容れなさい、と教えます。死はまさにその象徴的なものです。

生死を超えて修行は続く

禅僧の死をいう言葉に「遷化《せんげ》」があります。「遷移化滅《せんいけめつ》」を略したものですが、この世での教化《きょうけ》（布教活動）を終えて、あちらの世界での教化に移る、という意味です。教化も禅僧の修行の一つですから、禅の修行は死で終わるのではなく、その後も続くのです。

この言葉にも禅の考え方が込められています。禅の修行には「完成」というものがありません。**どこまで続けても未完成、まだ、その先があるのです**。修行を深めれば深めるほど、深みはさらに増すのです。生死を超えて修行はある。それが禅の風光（禅風）です。

じつは、先ほどその言葉を紹介した一休さん、そして、仙崖義梵《せんがいぎぼん》という和尚は、奇しくも同じ臨終の言葉を残したとされています。

「死にとうない」

この世への未練たっぷりともとれる言葉です。高僧に似つかわしくないというい方もできるでしょう。そんなことから、この言葉の解釈をめぐってさまざまな議論もあるようです。

頓知《とんち》で知られる一休さん、洒脱《しゃだつ》な禅画を数多く描いた仙崖さん。ともに天衣無縫《てんいむほう》な生きざまを貫いて見せたご両人の人となり、そして、禅の修行はあの世でもこの世と変わらず続くことを重ね合わせると、こんな解釈が成り立つかもしれません。

もちろん、ご両人には死を受け容れることになんの躊躇《ためら》いもなかった。そのうえで、ご両人はちょっとした諧謔心《かいぎゃくしん》、茶目っ気を発揮した。

「坊主がそろいもそろって、立派な死に方をしたのでは、おもしろくないな。ここはひとつ、〝問題発言〟でもしておくか。さぁて、あちらの世界で修行をしながら、発言が巻き起こす騒動をとっくり拝見するとしよう」

まったくの想像ですし、なんの根拠もない「珍解釈」「迷解釈」ですが、ご両人ならそのくらいのことは〝しでかしかねない〟という思いもします。

悟りを開く方法は一つなのでしょうか。

根は一つですが、悟りにたどり着くまでに、ルートがいくつかあります。

達磨大師に始まる禅宗はさまざまに枝分かれしていきますが、現在まで続いているのは曹洞宗、臨済宗、黄檗宗《おうばくしゅう》の三派です。日本に伝えたのは順に栄西《ようさい》（「えいさい」ともいわれる）禅師、道元禅師、隠元《いんげん》禅師です。

いずれも禅を行じることは同じですが、その方法には若干の違いがあります。茶道や華道にもさまざまな流派があります。しかし、根本は変わりません。流派によって弟子の育て方、教え方が違う、家風が違うのです。

同じように、曹洞宗と臨済宗では「宗風」が違いますし、修行の仕方が少し違います。もっとも、こちらも根本は変わりませんから、いってみれば、富士山頂に至るルートに違いがあるようなものです。

曹洞禅をもっともよくあらわしているのが、道元禅師の次の言葉です。

「修証一等《しゅしょういっとう》」

修行（修）と悟り（証）は別のものではない、分かつことができない一体のものである、という意味です。

ですから、曹洞禅では坐禅という修行を重ねることで悟りに至るというふうには考えません。作法に則《のっと》って一心に坐禅をしている姿、それ自体が悟りの姿だと考えるのです。禅ではよく「そのものと一つになる」といういい方をします。

そのいい方をもちいれば、坐禅と一つになっている姿が悟りの姿です。坐禅にかぎったことではありません。禅は行住坐臥《ぎょうじゅうざが》、すなわち、歩くことも、止まることも、すわることも、臥すことも、一切合切が、もっといえば、日常の立ち居振るまいのすべてが、修行です。

「喫茶喫飯《きっさきっぱん》」

これは、お茶を飲むときは飲むことに集中しなさい、食事をいただくときはそのことだけを一生懸命しなさい、という意味の禅語です。お茶と一つになる、食事と一つになる、ということです。

これも悟りの姿なのです。もちろん、一度、悟りの姿を得たらそれでいいということではありません。坐禅と一つになれなかったら、食事と一つになれなかったら、悟りの姿は失われます。どの坐禅も、どんな食事も、疎かにせず、それと一つになることにつとめていく。それが曹洞禅です。

臨済禅は「問い」の答えをひたすら探し続ける

一方、臨済禅では「公案（古則公案）」、一般的な言葉でいえば、禅問答の「問い」をもちいます。師が『碧巌録《へきがんろく》』『無門関《むもんかん》』といった公案集から問題を与え、弟子がそれに答えるわけです。

しかし、これという決まった答えがあるわけではないのです。有名な公案を一つ紹介しましょう。

「隻手音声《せきしゅおんじょう》」

白隠《はくいん》禅師がつくったとされるものです。両手を打ち合わせれば音がでます。では、隻手（片手）の音はどんなものか、聞いてきなさい、というのがこの公案の意味です。

片手の音など聞きようもないのですから、答えは見つかりません。それでも弟子は考えに考え、悩みに悩んで、なんらかの答えを見つけ師の前に行って、それを伝えます。当然、師はそれを一蹴するわけです。

弟子はさらに考え、悩み、別の答えを伝える。師は一蹴する。その繰り返しです。精も根も尽きはてるまでそれが続いて、ようやく師が答えを受け容れてくれるのです。答えを受け容れるかどうか、つまり、公案を通すかどうかは、師の腹づもり一つです。

この答えなら、なかなか力がついてきたな。師がそう判断すれば、公案は通るということです。

比較的易しいものから難しいものへと一つずつ公案をクリアしていきながら、悟りに至るというのが臨済禅だといっていいでしょう。

もちろん、曹洞禅でも公案をもちいますし、臨済禅でも坐禅は大切にします。何にもっとも重きを置くか。それが、曹洞禅では坐禅であり、臨済禅では公案である、ということです。

両者の違いを説明するときに、わたしはよく「健康」を例にあげます。健康でいるためには、祖師方がやってきた方法（坐禅）をひたすら信じてやっていけばいい、とするのが曹洞禅です。

これに対して、臨済禅はまず、健康のありがたさを身をもって感じさせるのです。健康のありがたさを知るのは、健康でなくなったときでしょう。公案に次々に「ダメ」をだし、とことん追い込むことで、弟子は自分の〝ダメさ加減〟を思い知ります。これが、健康でなくなり、健康のありがたさが身にしみるということです。そこから徐々に健康にもっていく。それが臨済禅です。

只管打坐《しかんたざ》
すわることそれ自体に一心に打ち込む、全身全霊を傾ける。

百尺竿頭進一歩《ひゃくしゃくかんとうにいっぽをすすむ》
どれほど高い心の境地に至っても、さらにそこから一歩を進める（精進する）。

香厳撃竹《きょうげんげきちく》
悟りは頭で理解するのではなく、実践のなかで得るものである。

諸行無常《しょぎょうむじょう》
この世に存在するあらゆるものはとどまることなく、常に移ろいでいる。

無常者即仏性也《むじょうしゃそくぶっしょうなり》
自分が移ろいでいる存在であることを感じている人は、仏性そのものとして生きている。

色即是空《しきそくぜくう》　空即是色《くうそくぜしき》
この世のあらゆるものは空であり、他のものとかかわることで存在している。実体のない空がかかわり合うことで、目に見えるものとして、そこにあらわれている。

諸法無我《しょほうむが》
すべてはかかわりのなかで成り立つ。他と関係性をもたずに存在しない。

諸法実相《しょほうじっそう》
至るところに真実の姿、真理がある。それに気づく機会もふんだんにある。

眼横鼻直《がんのうびちょく》
眼は横に、鼻は縦についているのは授けられているから。あるがままを受けとる。

坐水月道場《すいげつどうじょうにざす》
水面も水面の月も無心でどこにも含むところがない。無心こそ悟りの境地。いつもその心ですわる。

不立文字《ふりゅうもんじ》
禅の真髄は文字や言葉ではなく、自分が実践して身体で感じとるものである。

薫習《くんじゅう》
よき師につくと、いつかその立ち居振るまい、価値観、生き方が身についてくる。

即今《そっこん》、当処《とうしょ》、自己《じこ》
いまその瞬間に、その場所で、自分がなすべきことをやることが大切である。

放《はな》てば手《て》に満《み》てり
手放したことでほんとうに大事なもの、ずっとすばらしいものが得られる。

利他行《りたぎょう》
他人のためのおこないをする。

同事《どうじ》
相手が感じるように自分も感じ、相手が考えるように自分も考える。

前後際断《ぜんごさいだん》
薪の延長線上に灰はない。薪は薪、灰は灰で絶対の姿。それぞれ切り離されている。

修証一等《しゅしょういっとう》
修行と悟りは、分かつことができない一体のものである。

喫茶喫飯《きっさきっぱん》
お茶を飲むときは飲むことに、食事をいただくときはそのことだけに一生懸命集中する。

隻手音声《せきしゅおんじょう》
両手を打ち合わせると音がでる。片手の音は？　声なき声を受けとめよ。

第二章

「当たり前のありがたさ」を体得する

――禅と修行

禅を体得するには、何から始めるのでしょうか。

禅の修行は、道場入門から始まります。

禅の修行は、長い歴史のなかを変わらずに受け継がれてきました。しかし、やはり、時代性は反映されています。今昔で〝かたち〟は少し変化しています。

かつては傑出した禅僧のもとに各地から、「この師のもとで修行したい」と考える人たちが集まってきました。みずから師を求めて行脚《あんぎゃ》したのです。修行僧のことを「雲水《うんすい》」といいますが、これは「行雲流水《こううんりゅうすい》」を略したものです。

雲は空を自在に漂い、水はとどまることなく流れます。その雲や水のように、師を訪ねて修行僧が旅をしたことから、この名があります。また、現在は曹洞宗《そうとうしゅう》も臨《りん》済宗《ざいしゅう》も、その専門修行道場で修行をしますが、昔はその垣根が低く、曹洞宗の雲水が臨済宗の師につくこともありました。

曹洞宗の修行道場は大本山《だいほんざん》である永平寺《えいへいじ》（福井県）と總持寺《そうじじ》（神奈川県）があり、多くの雲水はこの両本山のどちらかで修行の日々を送ります。修行道場はそのほかにも、全国に二十八か所あります。

本山以外の道場に入るのは師に惹かれてということでしょう。曹洞宗では板橋興宗《いたばしこうしゅ》禅師《うぜんじ》がおられる御誕生寺《ごたんじょうじ》（福井県）、原田雪渓《はらだせっけい》老師の発心寺《ほっしんじ》（福井県）、楢崎通元《ならさきつうげん》老師の瑞應寺《ずいおうじ》（愛媛県）、鈴木聖道《すずきせいどう》老師の洞松寺《とうしょうじ》（岡山県）などがそれにあたります。

このあたりは「この師のもとで……」という昔の名残といえるかもしれません。ちなみに、先に紹介した寺院のなかには外国人を受け容れている寺もあります。

これらの修行道場は、曹洞宗務庁から正式修行道場であるとの認可を受けています。そのため「認可僧堂《そうどう》」と呼ばれます。

新到よろしゅぅ！

修行道場は、正式には僧堂といいます。ここに入門するにあたっては、前もって申請書を提出して、入門日が決まります。しかし、その日に道場に行けばすぐに入門が許されるわけではありません。一日目は山門にさえ入れてもらえないのです。

曹洞宗では上山《じょうざん》（正式に修行に入ることを指す言葉）の前日に「安下処《あんげしょ》」と呼ばれるところに一晩仮宿し、翌朝、身支度をととのえ正式に上山します。当日はじめて山門をくぐり、修行僧の到着場所である入り口に掛けられている「木版《もっぱん》」を叩き、大声で「新到《しんとう》よろししゅぅ！」と呼びかけます。「新しく着いた者がおります。よろしくお願いします」という意味です。臨済宗では「たのみましょう〜！」といいます。

いくら呼びかけても反応はありません。

やっとそれに応えて取り次ぎの僧がでてくるまで一時間待つこともあれば、二時間、三時間待つこともあります。でてきた僧に「何をしにきた？」と問われますから、「修行をしにきました」と答えます。

總持寺の場合は「瑩山《けいざん》禅師（ご開山）のお膝元で修行させていただきたいと思って参りました」。永平寺では「道元《どうげん》禅師のお膝元で〜」になります。しかし、にべもなく断られます。

「この道場は満員で受け容れられない、修行ならほかのところでもできるだろう、どこかよそへ行け」。それが断り文句。こちらは入門を懇願し続けますから、しばらく押し問答となります。

その後ようやく、建物内に入れてもらえるのですが、ここからが入門を許すか、許さないかのテスト期間なのです。旦過寮《たんがりょう》という薄暗い部屋で一週間過ごします。その間は午前三時から坐禅をしっぱなし。食事はいただけますが、小食《しょうじき》（朝食）のときには米粒が見当たらないほどのお粥の上澄みです。

このテスト期間を臨済宗では「庭詰め」といいますが、要は修行をする覚悟を見きわめるものといっていいでしょう。わたしが上山したときには、坐禅をしている間に僧がまわってきて、一日に警策《きょうさく》を三十発も四十発もみまわれました。

修行に耐えるだけの腹が据わっているか、身体が備わっているか、が徹底的にチェックされるのです。

旦過寮（庭詰め）の一週間の厳しさは、体験者でなければわからないでしょう。わたしのときは、同期が七十四人いました。しかし、一週間のつらさに耐えられず、脱落した者が十五人。結局、入門が許されたのは五十九人でした。

入門すると、僧堂に生活スペースが与えられます。「単《たん》」といって畳一畳分です。「起きて半畳、寝て一畳」という言葉がありますが、まさにその一畳が寝起きの場であり、食事の場であり、坐禅をする場なのです。

曹洞宗では「面壁《めんぺき》」、すなわち、壁に向かって坐禅をします。単で坐禅を組み、向き合うところは押し入れのようになっており、これを函櫃《かんき》といいます。そこに応量器《おうりょうき》（食器）をのせ、作務衣《さむえ》などの衣類、洗面具といった生活に必要なものはすべておさめるようになっています。

一か所に集まって修行する――安居

僧堂での修行生活を送ることを掛搭《かた》（臨済宗では「かとう」）といい、一定期間一か所に集まって修行をすることを「安居《あんご》」といいます。お釈迦さまの時代、インドでは米や野菜などの食糧を自作することはなく、托鉢《たくはつ》でまかなっていました。毎日、托鉢にでていたのです。

しかし、雨期の間は托鉢にでることをせず、僧堂にこもって修行につとめました。これを「雨安居《うあんご》」といいます。夏の雨季にする安居を「夏安居《げあんご》」、そして冬の雨季にする安居を「冬安居《とうあんご》」といいます。

ちなみに、入門同期の人を同じような時期に修行生活に入ったということから「同安居」と呼びます。ただし、同安居でも先輩、後輩の序列ははっきりしています。一日、いや、一分でも早く寺の門を叩いた人は先輩として対応します。年齢は関係ありません。社会人経験を経てきた人でも、中学を卒業したばかりの人が先んじていれば、先輩として立てるのが決まりです。

「夏安居」「冬安居」にあたるのが、現在の「夏制中《せいちゅう》」「冬制中」です。期間はいずれも百日間。この間の修行はいっそう厳しさを増します。「禁足」といって外出することは許されませんし、お勤めの時間も、坐禅の回数も増えます。かつては命がけの修行とされていました。

制中の間、先頭に立って仲間を引っ張るリーダー格を「首座《しゅそ》」といいます。首座のつとめは率先垂範《そっせんすいはん》。他の雲水の起床が午前四時であれば、午前三時には起きて一人で東司《とうす》（トイレ）の掃除などをします。誰も見ていないところで人のためになることをする。「**陰徳《いんとく》を積む**」のです。

一年間に二回の制中が結ばれ、その制中と制中の間の期間は「解間《げあい》」（臨済宗では

「制間《せいかん》」）と呼ばれます。この解間の期間中にのみ、新人の修行僧は新たに修行に加わることが許され、この新しく掛搭《かとう》した雲水を「新到」と呼びます。

実際はどんな修行をするのでしょうか。

お釈迦さまにならって、一つひとつの動作の決まりごとをおこないます。

現在の修行について説明する前にまず、仏教を開かれたお釈迦さまがどのような修行をされたのかについてお話ししておきましょう。

お釈迦さまは北インド（現ネパール）、ルンビニの地で生誕されました。釈迦族の王子という名門です。その身分を捨て、出家されたのが二十九歳。

出家にまつわるエピソードが「四門出遊《しもんしゅつゆう》」の故事として伝えられています。

お釈迦さまは、住まいである城の東門、西門、南門からでた際に、老人、病人、死者を見て、生を受ければ、老い、病、死の苦しみから逃れることはできない、ということを感じ、悩まれます。最後に北門をでたお釈迦さまは、沙門《しゃもん》（修行僧）と出会い、その清らかさに打たれて出家を決意されるのです。

当初、お釈迦さまが取り組んだのがバラモンの修行でした。肉体を限界まで痛めつける苦行です。ちなみに、そのときのお釈迦さまの姿をあらわした『仏陀《ブッダ》の断食像』が、パキスタンのラホール博物館に所蔵されています。

目は深く落ちくぼみ、あばら骨が浮き上がった、苦行のすさまじさをそのまま映しだした像ですが、これはガンダーラ美術の最高傑作とされています。

やがて、お釈迦さまは苦行では悟りを得ることはできないことに気づかれ、苦行とは別の道を行くことを決意されるのです。三十五歳のときでした。

お釈迦さまは、村娘のスジャータから乳粥《にゅうしゅく》をふるまわれ、気力、体力ともに回復して菩提樹《ぼだいじゅ》の下で坐禅を組み、仏陀（悟りの境地に達した人／覚者《かくしゃ》）となられたのです。

坐禅は石の上に枯れ草を敷きつめてされたのですが、現在、坐禅をするときに敷く「坐蒲《ざふ》」はその枯れ草を模したものです。

お釈迦さまが悟られたのは十二月八日。それに合わせ、曹洞宗、臨済宗では十二月一日から八日（明けの明星がでる頃）までの間、「臘八摂心《ろうはっせっしん》（臨済宗は「接心」という字を使います）」をおこないます。「臘」は十二月をあらわす「臘月」の略です。

臘八摂心の期間は、起きてから寝るまで一日中坐禅を組みます。食事も坐禅をしたままとります。そして、坐禅と坐禅の合間には経行《きんひん》と呼ばれますが、呼吸に合わせながら列になって歩きます。その後十分ほどの抽解《ちゅうかい》と呼ばれる休憩があり、そのときのみ東司（トイレ）に行くことが許されます。

苦行から離れて悟りを開かれたお釈迦さまが説かれたのが**「中道《ちゅうどう》」**です。お釈迦さまは、次のような内容のことをおっしゃっています。

「愛欲快楽を求めることは、低劣で卑しく、世俗の者がすることであり、尊い道を求める者のすることではない。また、肉体的な疲労消耗を追い求めることは、苦しく、これも尊い道を求める者のすることではなく、心の目的にかなわない。如来《にょらい》（お釈迦さま）はそれら両極端を避けた中道をはっきりと悟った。これは人の眼を開き、理解を生じさせ、心の静けさ、すぐれた知恵、正しい悟り、涅槃《ねはん》のために役立つものである」

中道は、禅僧はもちろん、すべての仏教者が心がけるべき基本であり、歩んでいくべき道です。

雲水（修行僧）の一日

禅の修行中はこまかく定められた日課をこなしていく毎日です。起床は午前三時半（冬期は四時半、僧堂によって多少の違いがあります）、係の雲水（振鈴《しんれい》当番）が打ち鳴らす振鈴が合図です。けたたましい音ですから、いやでも目が覚めます。すぐに寝具をたたんでととのえ、身支度をして洗面所（後架《こうか》）に向かい、作法に則《のっと》って洗面をします。偈文《げもん》（短いお経）を唱え、歯を磨き、顔を洗い、さらに頭、耳の後ろも洗います。

使えるのは桶一杯の水ですから、配分をうまく考えないといけない。永平寺ではいまも谷川の水を使っていますから、冬場は想像を絶する冷たさで、頭にかけると湯気がでるほどです。

その後、「暁天坐禅《きょうてんざぜん》」と呼ばれるその日最初の坐禅をします。時間は一炷《いっちゅう》といってお線香が一本燃え尽きるまで。約四十分程度です。坐禅の始まりと終了は、鐘の合図をもって知らされます。

次は「朝課《ちょうか》」、朝のお勤めです。法堂《はっとう》に移り、全員で三拝してから朝課が始まり、『般若心経《はんにゃしんぎょう》』『観音経《かんのんきょう》』などのお経を唱えます。

朝課が終わると僧堂の単に戻って朝食。禅では「小食《しょうじき》」、または「行粥《ぎょうしゅく》」といいます。応量器という食器を使うのですが、「**食事作法**《じきじさほう》」が厳しく定められています。入門当初はその作法を覚えるのが大変で、食べた心地がしません。

食事中は、私語はもちろん音を立てることも禁じられています。また、早く食べすぎても、人より遅れてもいけません。

小食の内容はお粥とおかず。おかずといっても胡麻と塩を一対一の割合で炒った胡麻塩と香菜（漬け物）少々という質素なものです。

食べ終わったら、器に注がれたお湯で器を洗い、浄巾《じょうきん》（布巾）できれいにぬぐって袱紗《ふくさ》で包みます。

いただく前には「五観《ごかん》の偈《げ》」という偈文を唱え、いただいた後にもまた、「ごちそうさま」の気持ちをあらわす偈文を唱えて小食が終わります。

小食の後は「作務」、掃除などの日常の作業に取り組みます。禅寺には「三黙道場」といって、音を立ててはいけない場所が三つあります。僧堂、東司、浴司《よくす》（浴室）がそれですが、それ以外の場所でも、できるかぎり音は立てず、静かに振るまうのが決まりとなっています。

唯一の例外が掃除です。廊下などは雑巾を手に、すさまじいスピードで拭き込みますから、その音も半端ではありません。雲水がそろって掃除をする様子は、さながら脱兎《だっと》のごとく、です。その後、それぞれが定められた寮舎で仕事をおこないます。

ここまでを行ずると午前十一時くらいになります。

続いておこなわれるのが「日中諷経《にっちゅうふぎん》」、昼のお勤めです（僧堂によっては都合により割愛しているところもあります）。このときは「佛頂尊勝陀羅尼《ぶっちょうそんしょうだらに》」などのお経を唱えます。

その後は点心《てんじん》（中食・斎坐《さいざ》すなわち昼食）となります。献立は麦の入った飯に一汁一菜、味噌汁（一汁）と香菜（一菜）です。昼食では一つ決まりごとがあります。雲水それぞれが、麦の入った飯のなかから七粒をとってお膳の脇に置くのです。これを係が集め、そとにある「生飯台《さばだい》」に移します。小鳥や小動物に与える、供養をするためです。これを生飯といいます。

食後は再び作務にあたります。

夜のお勤めである「晩課諷経《ばんかふぎん》」がおこなわれるのは午後四時半（冬期は四時）、都合によってもう少し早いときもあります。唱えるお経は「大悲心陀羅尼《だいひしんだらに》」「甘露門《かんろもん》」と決められています。

夕食は「薬石《やくせき》」と呼ばれます。本来、禅では夕食はとりません。食事の代わりに温かい石を懐に入れて飢えをしのいだのです。ですから、正式な食事ではないという意味合いから「食」の字をもちいず、薬石としているのです。

中食と同じ麦飯、味噌汁、香菜におかずが一品つきます。一品といっても大根などの根菜やがんもどきを煮たものを少々といったところですから、あくまで〝質素〟の範囲をでません。

なお薬石は正式な食事とはみなされないため、いただくときは偈文は唱えません。

一日の修行の締めくくりは「夜坐《やざ》」と呼ばれる夜の坐禅です。静かにすわり、心を安らかにして眠りに入っていきます。夜坐の終了を告げる鐘が鳴ると、就寝時間を示す開枕鐘《かいちんしょう》が響きます。それを合図に、雲水は布団に入ります。

就寝を開枕としているのは、かつては折りたたみ式の木の枕をもちいていたからです。それを開くのは就寝時ですから、「開枕＝就寝」となったわけです。

就寝時は厳しい決めごとから解放されて、ようやく自由に眠れるかというと、そうではありません。寝るのも修行ですから、これにも**作法**があります。正式には頭を北に向け、心臓を上にして、右脚はまっすぐ伸ばし、左足は少し曲げて膝が床につくようにする。これが作法に則った寝姿です。

布団も「柏布団《かしわぶとん》」という特殊なかたちにして使います。布団を縦に二つに折り、寝袋のようにして、腰紐で縛ったものが柏布団。このなかにすっぽり入って寝るわけですから、まるで〝みのむし〟です。

もっとも、この寝方になる以前は「坐睡」といって、文字どおり、坐禅をしたまま寝ていたのですから、〝みのむし〟でもずいぶんラクになったわけです。現在はさらに〝規制緩和〟が進み、總持寺をはじめ、いくつかの修行道場で普通の布団が使われていますし、寝姿も作法には縛られていません。

修行をするのに、
こまかい規則はあるのでしょうか。

修行生活の細則を記した「清規」があり、それに則って行動します。

修行僧はどのような一日を送るべきか、それがこまかく記されているのが「清《しん》規《ぎ》」と呼ばれるものです。大本になっているのは中国唐代の百丈懐海《ひゃくじょうえかい》禅師が作成したとされる「百丈清規」です。

仏教集団が自給自足の生活を送るようになったのは中国に伝わってからですが、そのさきがけの役割を果たしたのが禅宗でした。「百丈清規」は、その自給自足生活のもとでの規則を定めたものです。

もっとも、「百丈清規」そのものは、時代が古いこともあって、散逸してしまい、完全なかたちでは現存していません。それにならったかたちで編まれたのが「永平《えいへい》清規《しんぎ》」「螢山清規《けいざんしんぎ》」「禅苑清規《ぜんえんしんぎ》」などです。

「永平清規」は道元禅師によってつくられました。「典座教訓《てんぞきょうくん》」「弁道法《べんどうほう》」「赴粥飯《ふしゅくはん》法《ぼう》」「永平寺衆寮箴規《えいへいじしゅりょうしんぎ》」「対大己五夏闍黎法《たいたいこごげじゃりほう》」「永平寺知事清規《えいへいじちじしんぎ》」の六編からなっています。いくつか見ていきましょう。

「典座教訓」の「典座」は修行僧の食事の世話をする役の禅僧のこと。この編にはその典座が勤めをはたすにあたって心得ておくべきことが、微《び》に入り細《さい》をうがって記されています。道元禅師は「食」をとても重んじていました。「赴粥飯法」には、食事の作法が記されています。

禅寺での一日の生活全般について記されているのが「弁道法」です。寝姿についての記述もここにあります。前にも触れましたが、「頭北面西右脇臥《ずほくめんさいうきょうが》」、頭を北に向け、顔は西向き、右脇を下にして横たわる、というのがそれです。

これはお釈迦さまが涅槃《ねはん》に入られた（亡くなられた）ときの姿そのもの。寝るのも修行であるから、仏祖にならえということでしょう。

また、「永平寺衆寮箴規」には修行僧の立ち居振るまい（威儀《いぎ》）についての心得や注意が、「対大己五夏闍黎法」には長老に対する後輩の儀礼、接し方が、「永平寺知事清規」には修行僧を監督する立場にある人の心がまえなどが記されています。

百丈禅師の時代からの修行僧、禅僧の在り方が「清規」によっていまも受け継がれています。このこと一つをとっても、**禅は時代にも、空間（場所）にも左右されない、真理に沿った生き方を伝えるもの**であることがわかります。

修行中、いちばんつらいこと

修行は「清規」というタガによって、禅の歴史を踏まえたものになります。数多《あまた》いる祖師《そし》方と同じことをやっていくことができるのです。それが厳しいものであることはみなさんにも想像できるのではないでしょうか。

とりわけ、修行を始めた当初は厳しさが骨身にしみます。坐禅をすれば足が痛い、痺《しび》れるのはもちろん、洗面の仕方から食事の仕方、立ち方、歩き方まで、日常の振るまいのすべてに作法があるわけですから、それを呑み込むまでは、「これでよいのだろうか？　間違ってはいないか」と神経をすり減らす毎日です。

そんな修行生活のなかでいちばんつらいのは何だと思いますか。じつは空腹、ひもじさなのです。質素、少量。それが空腹感をもたらす二大要因だと思いますが、修行中の食事は極限のそれです。

腹八分という言葉がありますが、感覚的には腹二分、三分も満たされない、という感じなのです。四六時中空腹感に苛《さいな》まれる。けっして大袈裟ではなく、そんな日々が続きます。

ひと月ほどで、誰もが少なくとも体重が十キロ程度は減ります。栄養不足から脚気《かっけ》になる人、栄養失調の症状になる人も少なくありません。持病がある人はそれがでる。しかし、人間の適応能力はたいしたもので、三か月くらい経つと、ひもじさはやわらぎ、少しずつではありますが体重も戻ってくるのです。

胃が小さくなって腹二分という感じが腹五分くらいになるのでしょう。少ない食べものからなんとか栄養を吸収しようとして、消化器官の機能、効率も高まってくるのだと思います。

すると、今度はやたらに〝あるもの〟が頭にチラつき始めます。「餡子《あんこ》」です。とにかく、餡子が食べたくて仕方がなくなる。これは修行僧の全員一致の見解です。甘味という漠然としたものではなく、ただ、ひたすら、餡子に恋い焦がれます。

もちろん、思いが叶えられるはずもありませんから、やがて、あきらめの境地、

「諦観《ていかん》」にたどりつくことになるわけです。

修行はまず百日を越せるかどうかがポイント

ひもじさを脱する（ひもじいことが常態になる）と、さまざまなよい変化が実感できるようになります。一つは頭が冴えわたってくることです。

食事をすると、消化吸収のために消化器官はたくさんの血液を必要とします。食事の量が多ければ、それだけ消化器官にまわる血液も増えるわけです。そのぶん、脳に送られる血液が少なくなる。食後に眠たくなるのは、脳の血液量が不足して、機能が低下するからともいわれています。

このメカニズムからして、食事が少量であれば、消化器官が必要とする血液は少なくてすみ、脳にはたっぷり血液が送られるということになります。おそらく、これが〝頭冴え冴え〟の理由だと思います。

もう一つの変化は肌です。修行は男所帯ですから、肌を気にする人はいないのですが、目に見えてつややかに、色白になるのです。透けるような白さ、という表現がありますが、まさにその状態です。

肉、魚など動物性たんぱく質をいっさいとらない精進料理であること、香辛料なども使わず、消化のよいものばかりであること……などが〝奇跡の肌〟をもたらすのだと思います。

修行に慣れてくるのは、百日を過ぎた頃です。前に「制中」についてお話ししましたが、その期間も百日です。

この百日は一定の目安、節目といっていいでしょう。つらくても、しんどくても、とにかく辛抱して百日間やり続ける、修行についていく。すると、**パッと視界が開けてきます。修行をやり通せる自信みたいなものが湧いてくるのです。**入門してからも道場から逃げだす人はいますが、百日を越えてからはそれがほとんどといっていいほどなくなります。

禅の修行は「百日を越せるかどうか」が試金石です。

修行をする意味は、どこに見いだせますか。

当たり前であることのありがたさを心と身体で集約できることです。

雲水修行に入って最初に思い知らされるのが、「当たり前であることのありがたさ」だといっていいでしょう。それが修行の最大の意味だといっても、けっして過言ではないと思います。

入門前と入門後で、生活はガラリ一変します。食べたいものがあれば、好きなだけ食べていた、眠たければいつまでも寝ていられた、身体が疲れたらいつでもゴロリと横になれた……。それが入門前の生活では「当たり前のこと」だったわけです。

入門後はその当たり前のことが根こそぎ奪われます。食べたいものを食べるなどとんでもない、ぐっすり寝るなど夢のまた夢、疲れていようが、脚が痛かろうが、脚を伸ばしてゴロリなど許されるわけもない……。否も応もなく、そんな生活に投げ込まれるのです。

当たり前のことが、当たり前にできているうちは、そのことに意識が向かいません。何も考えずにしている。もちろん、感謝の思いなどは欠片《かけら》もないでしょう。

ところが、その当たり前のことがすべて奪われると、ズシンと堪えるのです。目を開かされる、気づかされる、といってもいいでしょう。

質素な食事をいただけることが、短い時間でも眠れることが、一瞬でも脚を伸ばせることが……「ああ、こんなにもありがたいことだったのか！」と心底感じられてくるのです。

何もかもがありがたい、それが修行に向き合ううえでの基盤です。雲水は実家が寺であるというケースが多いですから、「寺を継がなければならないし、そのために修行するのも仕方がないか……」と考えている人もいるわけです。

いってみれば、寺を継ぐため、親のために、自分が修行を「してやるのだ」という思いをどこかにもっている。何もかもがありがたいと気づかされることで、その思いは木《こ》っ端《ぱ》微塵《みじん》になります。

そして、修行をさせていただけることがありがたい、という思いが心に染みわたってくるのです。ほんとうの意味での修行が始まるのは、そこからだといっていいかもしれません。

ありがたいと感じる根源は命ですから、命をいただいていること、生かさせていただいていることへの感謝に心も身体も集約されていきます。そのことが「当たり前であることのありがたさ」を体得するということではないか、とわたしは思っています。

第一章でも言葉を紹介させていただいた宮崎奕保《みやざきえきほ》禅師は、こんなこともおっしゃっています。

「わしも修行をしておるが、修行をしておるんではなくて、当たり前のことをやっておるんや。それよりやることはないんや」

当たり前であることに感謝して、当たり前のことをしっかりとやっていく。禅の修行の眼目はそこにあるのだと思います。

修行という集団生活で育まれるもの

起居をともにする、同じ釜の飯を食べる（食う）、といった言葉がありますが、修行生活はまさにそれです。しかも、緊張感のなかでの修行という、それまで経験したことがない厳しい生活をともに送っているわけです。

自然に特別の繋がりが生まれます。いまの時代は、自己主張が強くなっています。自分を主張することは必要ですが、あまり過度になって、「自分が、自分が」となってしまうと困る。自分だけよければいいという〝自己チュー〟に陥るからです。

修行生活では「我」がことごとく粉砕されます。立ち居ふるまいのすべてにおいて「我流」「自分流」は許されません。食事を例にとれば、器の並べ方、持ち方、箸の上げ下ろし、お粥のいただき方、香菜のいただき方、器のしまい方……など一つひとつに作法があります。

間違えたりすれば、容赦なく警策がふるわれる。必死に作法を覚えようとつとめることで、しだいに我はなくなっていくのです。すると、仲間に対する気遣いができるようになります。

「みんなで一緒に、この厳しさに耐えていこう。一緒に頑張って、修行に勤めていこう」

という気持ちになる。同安居といっても、覚えがいい人もいれば、飲み込みが悪い人もいます。坐禅はもちろん、読経、食事作法、作務の作法など全部についてそれがいえます。

こんなことがありました。

北海道の寺から修行にきていた雲水がいたのですが、なかなか食事作法が覚えられなかったのです。夜寝る時間になっても、翌朝の食事のことが気になってしかたがないわけです。みんなが寝ているなか、その雲水はそっと起きだして、窓のそばで何かごそごそやっていた。

月明かりをたよりに食事作法のおさらいをしていたのです。一人の雲水がそれに気づきました。そこから気がついた雲水が、手取り足取りの〝指導〟となったのです。苦労している同安居の仲間は放っておけない。その一心だったのでしょう。

坐禅も、その他の修行も同じです。**得意な人が苦手な人に教える、手助けする。**自然にそんな〝システム〟が生まれていました。

仲間の存在の大切さ、仲間がいることのありがたさ。そのことも修行を通して体感します。仲間がいなければ修行は続けていけない。全員がそう感じていました。たった一人で同じ修行をこなせといわれたら、できる人はいません。

「彼があんなに歯を食いしばって頑張っているのだから、自分も頑張れるはずだ。ここで弱音は吐けない、吐いてはいけない」

それが修行を続けていけるもっとも大きな原動力なのです。みんながみんなを気遣い、思いやる。そんな一体感を修行は育みます。

同安居の仲間同士の絆は盤石です。何年会わなくても、顔を合わせれば、瞬時にともに修行をしていた当時の関係に戻ります。肝胆相照《かんたんあいて》らす仲、という言葉そのままの繋がりが同安居の仲間同士にはあるのです。

厳しい修行がもたらしてくれた〝ご褒美〟〝宝〟だと思っています。

日常生活にも禅の修行は役立ちますか。

修行は、すべて日常生活に取り入れることができます。

「禅の修行はとくに厳しいと聞いていますから、普通の生活とはまったく別物ですよね」

そんな言葉をよく耳にします。もちろん、修行生活と日常生活が〝別物〟であることはたしかです。しかし、修行と向き合う姿勢、修行の心は日常生活に取り入れることができます。

禅は行住坐臥《ぎょうじゅうざが》の一切合切が修行である、という話はしました。さあ、ここでそれを思いだしてください。坐禅や読経は取り入れることができなくても、起きること、寝ること、お茶を飲むこと、食事をすること……などは、日常で誰もがしていることとでしょう。

そうであれば、修行に向き合うのと同じ姿勢で、同じ心をもってそれらをすることは誰にでもできる、ということになりませんか。

修行の心は端的にいいあらわすことができます。何をするのであっても、

「そのことに心を込めて丁寧にする」

ということです。**「心を込める」「丁寧」**の二つがキーワードです。たとえば、朝起きるとき、なかなか布団からでられないということはありませんか。とくに寒い時期には、「もう少し寝ていられるな」「あと五分なら大丈夫」などと自分に〝言い訳〟をして、布団にもぐり込んでいるということがあると思うのです。

心を込めた、丁寧な起き方ではないことは明らか。起きることを一生懸命やっていません。修行道場では起床の合図を聞いたら、すぐさまスパッと起きます。そうでないと、**次の行動が遅れるからです**。

起床では、このスパッと起きることが肝要。それが起きることに集中する、心を込めるということです。丁寧という点についても、なにもゆっくりおこなうことが丁寧なのではありません。**やるべきことを過不足なくやる**。それが丁寧ということです。

起床時のやるべきことは、起きること以外にありません。それを過不足なくやるのがスパッと起きること。そこには心が込もっていますし、丁寧ということにも適《かな》っているのです。

布団のなかでのウダウダ、グズグズをやめて常にスパッと起きる。それも修行の心を日常生活に取り入れることだと思います。そして、できれば早起きをする。早く起きれば余裕をもって朝の時間が過ごせます。朝をどう過ごすかでその日一日が決まる。わたしの持論です。そのことについての話は、別の機会に譲りましょう。

「ながら」をやめる

効率が求められる時代だからでしょうか。現代人には複数の行動を同時におこなう、いわゆる「ながら」が基本的な行動パターンになっている人が少なくないようです。テレビを観ながら、新聞を読みながら、食事をする。仕事をしながら、夜の飲み会のプランを考える。逆に趣味に興じていながら、次の日の仕事のことが頭を掠《かす》める……。

思い当たるという人が大半ではないでしょうか。ふたつ、あるいはそれ以上のことを同時にやるのは効率的にも思えます。しかし、集中力が分散されるわけですから、効率が高まるわけがないのです。

時間は節約できても、どれもが中途半端になります。中途半端にテレビを観て、中途半端に新聞を読み、中途半端に食事をする……。そういうことになるのが「ながら」の特徴だといっていいでしょう。

禅の修行でそんなことをしたら大変です。坐禅をしながら、食事のことを考えていたりすれば、それが坐禅の姿にあらわれ、たちまち見透かされます。警策を何発も食らう羽目になるのは必定です。

「ながら」は、禅の修行でまずもって排除すべきことです。修行の心にもっとも背くものだといっていいでしょう。ですから、それをやめる。それも修行の心を日常生活に取り入れることにほかなりません。

食事をするときは、テレビを消し、新聞も置きましょう。そうすることによって、食事の味わいが格段に増します。箸を使いながらチラチラテレビの画面を見たり、新聞に目をやったりしていたのでは、味わうどころか、何を食べているのかさえわからないということにもなります。

食事をつくってくれる人がいる場合は、その人に対してこれほど失礼なことはありません。テレビや新聞は食事をきちんととってから、観ればいいですし、読めばいいのです。

一事が万事です。仕事をするときは仕事だけに集中する。飲み会のときはそれに集中して楽しむ。スポーツや趣味も、人に対応するときも、会話をするときも、まったく同じです。

最近は、友人同士が集まった席でも、会話らしい会話もせず、それぞれがスマートフォンに見入っているといった光景が見られるようです。これなどは「ながら」の典型例でしょう。

「三昧《ざんまい》」

これは、目の前のことに無心で打ち込むという意味の禅語です。禅の修行はすべてそうでなければいけません。坐禅三昧、作務三昧、読経三昧……。**人は一度にたった一つのことにしか無心で打ち込むことはできません。**「ながら」では絶対にそれができないのです。

一度、日常生活でどれほど「ながら」をしているか、チェックしてみるといいかもしれません。先にあげた例以外にも、パソコンで資料にあたりながら電話の対応をしている。イヤフォンで音楽を聴きながら掃除をしている。スマホのゲームをしながら人の話を聞いている。デートをしながら家に残してきたペットを気にかけている……。

日常生活には、想像以上に「ながら」が入り込んでいることに気づくはずです。

「**禅即行動**《ぜんそくこうどう》」

気づいたら行動です。「ながら」を一つずつなくしていく。それは修行の心をどんどん日常生活に取り入れ、また、活かしていくことです。仕事三昧、掃除三昧、もちろん、ゲーム三昧も、デート三昧もよし、です。

遊《あそ》びをせんとや生《う》まれけむ
戯《たわむ》れせんとや生まれけむ
遊《あそ》ぶ子どもの声《こえ》きけば
我《わ》が身《み》さえこそ動《ゆる》がるれ

平安時代に後白河法皇《ごしらかわほうおう》によって編まれた『梁塵秘抄《りょうじんひしょう》』にある歌です。その意味は、遊ぶために生まれてきたのだろう。戯れるために生まれてきたのだろう。遊んでいる子どもの声を聞くと、感動のために大人である自分の身体さえも動いてしまう、ということです。

遊びに無心に打ち込んでいる子どもは「三昧」の姿を体現しています。それは感動せずにはいられないほど、邪心がなく、清々しく、美しいのです。何ごとも心を込めて、丁寧に、です。そこに修行の心があり、三昧の姿があります。

修行の一つ、坐禅はマインドフルネスと同じものなのでしょうか。

坐禅は「結果に頓着しない」ことが、決定的な違いです。

ここ何年か、「マインドフルネス」に注目が集まっています。ヨーガと瞑想を中心にした心理療法ですが、マサチューセッツ大学に「マインドフルネスセンター」を創設したジョン・カバット・ジン同大学医学院名誉教授はこう定義しています。

「明確な意図のもとに、いまという瞬間において、いっさいの判断を下さずに、注意を対象に向けることから生じる気づき」

このジン博士に影響を与えたのが、韓国にある国際観音禅院という臨済系の禅寺の崇山行願《すうざんぎょうがん》という禅師です。崇山禅師に師事したジン博士は、禅のさまざまな教え、そして行《ぎょう》が心に与える影響を医学的見地からとらえ直し、その実証効果を数値化してとりまとめました。

こうした経緯を見ても明らかなように、マインドフルネスの源流は禅にあるのです。しかし、両者には決定的な違いがあります。

マインドフルネスは「**まず、効果ありき**」です。たとえば、心を穏やかにするセロトニンという脳内物質の分泌を促進するため、その効果を得るためにマインドフルネスに取り組む、という具合です。

一方、禅は「**効果は結果としてついてくるもの**」と考えます。すでに曹洞禅の本質である「只管打坐《しかんたざ》」という言葉を紹介しましたが、坐禅はただ、ひたすら、すわるのであって、何かを得るためにすわるのではないのです。

坐禅をすることで心によい影響がもたらされるのはたしかですが、それはあくまで結果です。坐禅はすわることそれ自体がすべてですから、結果は放っておく、結果に頓着することはありません。

日本でマインドフルネスの研究者は大勢いますが、その一人であり、精神科のクリニックなどでマインドフルネスをもちいた治療にあたっている川野泰周《かわのたいしゅう》師は、精神科医であり禅僧（臨済宗建長寺《けんちょうじ》派《は》林香寺《りんこうじ》住職）でもあります。禅とマインドフルネスが〝同根〟であることを証明する存在といっていいかもしれません。

「いまここに集中する」

マインドフルネスのもっとも重要なポイントです。これは禅の考え方そのものです。

こんな禅語があります。

「而今《にこん》」

いまを大切にしなさい、という意味です。過ぎてしまった過去やまだ訪れていない未来を思い煩っても仕方がない。いま、目の前にあることに集中していく、それを大切にする。そのことにおいては、両者にほとんど違いはありません。

先ほどお話しした違いは、**マインドフルネスは〝療法〟であり、禅は〝行〟であることから生じているのです。**

マインドフルネスに注目したＩＴ業界

マインドフルネスはまず、米国で脚光を浴びました。注目したのはこの時代の先端をいくＩＴ関連企業でした。グーグル社は二〇〇七年、マインドフルネスのプログラムである「サーチ・インサイド・ユアセルフ」の開発に着手します。

プログラムが実施されたのは二〇〇九年からですが、グループ内の一万人のスタッフが受講したとされます。その後、プログラムはマイクロソフト、エトナ（米国の保険会社）、SAP（ドイツに本社を置くソフトウエア会社）などの世界的大企業でも採用されています。

グーグル社はマインドフルネスの第一人者であるティク・ナット・ハン氏を招聘《しょうへい》し、指導を受けています。このハン氏はベトナムの禅僧です。

禅は数々の文化を生みだしました。茶の湯、能楽、庭園（禅の庭）、絵画（墨絵）……。それらの文化は、禅という本流から枝分かれした支流といえるかもしれません。その意味でいえば、マインドフルネスも時代性を得て、本流から新たに流れをつくった支流といういい方ができるのではないでしょうか。

IT企業と禅の結びつきを象徴するのが、アップル社の創業メンバーの一人である、スティーブ・ジョブズでしょう。ジョブズは曹洞宗の乙川弘文《おとがわこうぶん》師と出会い、禅を知り、その世界に傾倒していきます。

ジョブズはいっさいマーケティングリサーチをしなかったことでも知られています。

彼の商品開発の手法はこうでした。坐禅をして自己の内面を徹底的に見つめ、自分がほんとうに望んでいるものを探る。その望んでいるものを商品というかたちにして展開していく。

ジョブズが開発した商品が世界中の人びとに広く受け容れられたことに、この商品開発手法が大きく与《あずか》っているのは疑問の余地がありません。

二〇〇五年、スタンフォード大学の卒業式に招かれたジョブズは、有名なスピーチをしています。

「わたしは毎朝、鏡に映る自分に問いかけるようにしています。『**もし、今日が自分の人生最後の日だとしても、今日やろうとしていることをやるだろうか？**』と。『違う』という答えが何日も続くようなら、何かを変える必要があるということです」

やろうとしていることがほんとうにやるべきことなのか。ジョブズは日々、そう問い続けました。人生最後の日にやるべきことをしなかったら、もう取り返しがつきません。やるべきことをやり残したまま、人生は幕を閉じるのです。

その日、その日に、もっといえば、**その瞬間、瞬間に、やるべきことをやるのが禅です。**禅と出会ってからのジョブズの人生は、禅的生き方への憧憬とその実践であった、といってもいいのではないかと思います。

ＩＴ関連企業が禅やマインドフルネスに目を向けるのは、理由のないことではないでしょう。日進月歩という言葉では到底追いつかないほどすばやいスピードで、ＩＴの世界は進化を続けています。他社との競争も、当然、激しいはずです。

そのなかで仕事をしていれば、常に緊張を強いられるでしょうし、精神的にも大きな負担がかかります。緊張を緩める、負担を取り除く、ひとことでいえば、心の癒やしということになると思いますが、その必要性は他の業界よりもはるかに切実なのではないでしょうか。

そのニーズにピタリと合致したのが禅であり、マインドフルネスでした。禅には人びとの心を癒やしてきた長い歴史がありますし、マインドフルネスには医学的な裏づけがあります。

そして、なにより、体験した人の実感が一気に業界を席巻する推進力になったのでしょう。もちろん、心の癒やしを求めているのは、ＩＴ関連企業にかかわる人だけではありません。

今後ますます、禅、マインドフルネスへの注目は加速するはずです。

修行にでてくる作務とは、どういうものでしょうか。

坐禅とお経をあげること以外の一切が作務です。

禅の修行には三本の柱があります。一つはもちろん「坐禅」、それから「看経《かんぎん》」、お経をあげること、そして、「作務《さむ》」です。つまり、坐禅と看経以外の修行はすべて作務にあたるわけです。

掃除、農作業や生産作業、建物などの修繕、お檀家さんの法要受付なども作務です。修行中はそれらのことを「掃除作務」「畑作務」「修繕作務」「受付作務」といったいい方で呼びます。禅では寝ることも修行ですから、これは「寝作務」になります。

禅寺がある場所の環境や立地条件は違いますから、作務も寺によって違ってきます。たとえば、福井県にある永平寺は、冬場は雪に覆われます。そこで、「雪作務」という雪下ろし作業があるわけです。永平寺もそうですが、山中にある寺では木の枝打ち、「枝おろし作務」も加わります。

修行中は毎日、坐禅、看経、作務の繰り返しです。しかも、それこそ分刻みでやるべきことが決められています。とはいえ、煩悩《ぼんのう》である欲がまったくなくなるわけではありません。

仏教では人には五つの欲があるとしています。「**食欲**」「**財欲**」「**色欲**《しきよく》」「**名誉欲**」「**睡眠欲**」がそれです。食事や睡眠はとれますから、食欲、睡眠欲は最低限ですが、満たされます。また、お金や名誉とは離れた生活ですから、その二つにとらわれることもありません。

残る色欲ですが、はっきりいって、身心ともにそれにとらわれる余裕がないのが修行生活です。修行というタガによって何かをしたいという自我（我欲）が抑えられる、といったほうがいいかもしれません。

修行中にも〝休み〟はあります。「四九日《しくにち》」といって、毎月「四」と「九」がつく日はふだんとは違う生活になるのです。たとえば、起床時間が一時間遅くなったり、袈裟や作務衣を繕ったり、頭や髭を剃ったり、爪を切ったり……。

それらのことはこの日しかできません。刃物や針を使えるのはこの日だけなのです。昔は入浴も「四九日」にしかできませんでした。さすがに現在は、毎日の入浴が許されています。

禅は生活がまるごと修行ですから、〝休み〟といっても、一日自由時間になるなどということはあり得ないのです。

古参の雲水になると、「四九日」に外出が許されることもあります。晩課《ばんか》（夕方のお勤め）が終わってから一、二時間ほどです。しかし、このときもせいぜい石鹸や剃《かみ》刀《そり》の刃など生活必需品の補充のための買い物をする程度です。

修行期間は決まっていません。正確にいえば、修行に終わりはありませんから、修行道場をでても日々の修行は続きます。僧堂という修行道場での修行を終えることを「乞暇《こうか》」といいます。

「乞暇」の前日には、「明朝乞暇よろしゅう」と挨拶してまわります。卒業でも、終了でもなく、「暇をいただく」といういい方をするのは、いったん道場をでても、いつでも戻ってくることができる、という意味合いからです。

いつ「乞暇」するかは、自分が出家した寺の師と相談して決めます。師が「もう、そろそろよいかな」と判断し、判を押さなければ、修行道場をでることはできません。平均すれば、二年から三年が修行道場にいる期間でしょうか。

なかには、十年、二十年、あるいは数十年を道場で過ごす人もいますが、一定期間を超えると、雲水を指導する立場になります。

作務のなかでも、自分の心を払い清めるもの――掃除が重んじられる

掃除は大切な作務ですが、禅ではとくに重んじています。そのことをあらわしているのが次の禅語です。

「一掃除《いちそうじ》　二信心《にしんじん》」

信心、信仰心は仏の道を志し、歩んでいく者にとって、必要不可欠なものです。厳しい修行に身を置く雲水を支えるのも信心でしょう。それでもなお、禅はその信心の上位に掃除を位置づけるのです。

なぜでしょうか。禅では掃除をその場を片づけるとか、きれいにするとか、という

ことととらえないのです。それ以上のもの、すなわち、掃除は自分の心を払い清め、磨くことととらえます。

人は塵《ちり》一つない、一点の曇りもないまっさらな、きれいな心で生まれてきます。しかし、生きていく間には塵や埃《ほこり》がついてきます。煩悩がその塵や埃です。ですから、それを払い、さらには磨いていかなければいけません。

紀元六百年代に生きた中国の神秀《じんしゅう》禅師にこんな言葉があります。

「心《こころ》は是明鏡台《これめいきょうだい》の如《ごと》し　時時《じじ》に勤《つと》めて払拭《ふっしき》せよ」

心は澄みきった鏡のように清らかなものである。そうであるから、常に一生懸命払い清めなければいけない、という意味です。

掃除をして塵を払う、埃をぬぐうことは、そのまま自分の心の塵を払うこと、埃をぬぐうことである。廊下や床を磨くことは心を磨くことである。禅ではそう考えます。ですから、塵一つない庭も毎日掃き続けますし、磨き込まれた廊下も怠ることなく磨き続けるのです。心の塵、埃を払い、磨く。それは禅の修行そのものです。

「こんなにきれいなのですから、今日の拭き掃除は少々手を抜いても……」

そんなことがあってはなりません。それは修行の手を抜くこと、修行を怠ることですから、雲水が冒してはいけない〝禁〟の最たるものです。実際、木の葉一つ落ちていない庭でも、丹念に掃除をした場合と手を抜いた場合では、まったく違います。空気感がまるで違うのです。手抜きをすれば、師や先輩方にたちまち看破されます。

見えないところほど心を込めて掃除をするというのも禅の流儀です。木の根元などは掃除がしにくいですし、そう目立たない場所ですが、そこがきれいに掃きこまれているのといないのとでは、やはり、空気感が違ってきます。清浄感に格段の差があるといっていいでしょう。

「動中《どうちゅう》の工夫《くふう》は静中《じょうちゅう》の工夫《くふう》にまさること百千億倍《ひゃくせんおくばい》」

これは白隠《はくいん》禅師の言葉です。ここでいう「工夫」はことにあたって、やり方や手順を考えるということではありません。修行に精進するということです。静中の工夫は坐禅を一生懸命おこなうこと、これに対して動中の工夫は心を込めて作務にあたるということです。

禅の修行というと坐禅ばかりにスポットライトが当たりがちですが、白隠禅師は作務に心を込めることのほうが百千億倍もまさっている、とおっしゃっています。雲水のなかに、坐禅は立派な修行だが、作務はそれほどでもない、といった邪心が起きるのを戒める言葉ともとれます。

坐禅をしているときにでてくる「喝」はどのような意味でしょうか。

心の揺れやぶれる気持ちを叱咤激励します。その言葉には深い意味があります。

修行道場ではしばしば「喝《かつ》」という言葉（ひと声）を浴びせられます。一般的にも叱咤激励することを「喝を入れる」といったりしますが、禅では喝には四つの意味があるとしています。

喝といえば臨済宗の開祖である臨済《りんざい》義玄《ぎげん》禅師が有名ですが、じつは最初に喝をもちいたのは馬祖《ばそ》道一《どういつ》禅師だといわれています。百丈懐海《ひゃくじょうえかい》禅師が記したところによれば、馬祖禅師の喝は、「三日間何も聞こえなくなった」ほどのすさまじさだったようです。

喝に四つの意味合いをもたせたのは臨済禅師です。「臨済《りんざい》四喝《しかつ》」と呼ばれるのがそれです。四つの喝は、次のように表現されています。

「金剛王宝剣《こんごうおうほうけん》の如《ごと》く」
「踞地金毛《こじきんもう》の獅子《しし》の如《ごと》く」
「探竿影草《たんかんようぞう》の如《ごと》く」
「一喝《いっかつ》の用《ゆう》を作《な》さず」

「金剛王宝剣」とはどんなものも一刀両断してしまう名刀のことです。その金剛王宝剣のように、一喝することで迷いや執着《しゅうじゃく》、我欲や妄想などの煩悩、また、善悪や美醜というふうに**ものごとを二元論的にとらえる分別を断ち切ってしまう**のがこの喝です。

「踞地」は大地にうずくまることです。獅子はライオンですから、大地にうずくまった金色の毛のライオンが、まさに獲物に飛びかからんとするような喝のこと。胆《きも》を縮みあがらせ、**思い上がりや傲岸《ごうがん》さを粉砕する喝**です。

「探竿影草」とは、草の下に魚がいるかどうかを竿で探るという意味。**相手の力量を探り、はかる喝**がこれです。

「一喝の用を作さず」は喝のはたらきをしないということです。その意味は、他の三つの喝の本源であり、しかも、三つの喝を包み込んでしまうような喝ということでしょう。先の三つのように**「〜する（ための）喝」というところを超越した、最上級の**

喝といっていいかもしれません。

修行をしている間、雲水にも心の揺れや気持ちの波があります。それを見てとった師は、「迷いを断ち切れ！」「思い上がるな！」「本気で修行に取り組め！」といった思いを込めて喝を発するのです。

たったひと声の「喝」に十四年

喝についてはこんなエピソードがあります。明治時代に臨済宗妙心寺《みょうしんじ》派の管長をつとめられた蘆匡道《あしきょうどう》老師にまつわるものです。

若くして師を失った蘆和尚は、縁あって大阪にある少林寺《しょうりんじ》の住職となります。ほどなくお檀家《だんか》さんである医師の娘が亡くなり、葬儀の導師をつとめることになった和尚は、お経をあげ、引導《いんどう》を渡して、一喝を発したのです。

翌日、娘の父親である医師が寺にやってきて、和尚にこう問います。

「臨済には〝臨済四喝〟というものがあると聞いていますが、昨日の一喝はそのどれにあたるのでしょうか？」

和尚は答えに窮します。それらしいことをいいつくろうことはできたでしょう。しかし、生来、何ごとにも真摯《しんし》に向き合う気性だった和尚は考え込んでしまったのです。その対応を心もとなく感じた医師は、一喝の意味もわからない住職が娘に引導をわたしたことを腹立たしく思い、和尚を責め、非難の言葉を浴びせます。

蘆和尚は自分のいたらなさを恥じ、まだまだ修行が足りないことを痛感して、京都にある圓福寺《えんぷくじ》の海山宗恪《かいさんそうかく》老師のもとで修行をし直す決意をするのです。

少林寺から圓福寺までの距離は十里（約四十キロ）余り。その道のりを毎日歩いて、和尚は圓福寺に通います。起床は午前二時という厳しい日課でした。一日たりとも休むことなく、圓福寺への参禅はじつに十四年間続きました。

ついに一喝の意味を体得した和尚は、それを医師に伝えます。医師は感動し、自分の不徳にも思い至り、蘆和尚を厚く、厚く、遇するようになったのです。

たったひと声の喝ですが、のちに老師となられる方が十四年もの歳月をかけてようやくたどり着くほど、その意味は深いのです。

徳山の三十棒

「臨済の喝」の言葉があるように、臨済禅師は喝を多くもちいたことで知られます。

もちろん、むやみやたらに一喝していたわけではありません。相手を見て、状況を考え、「ここぞ」というときに発していたことは想像に難くありません。

仏教にこんな言葉があります。

「**対機説法**《たいきせっぽう》」

これはお釈迦さまの説法の手法をいったものです。お釈迦さまは教えを説かれるとき、相手の能力や気質、状況などを見抜かれ、その相手にいちばんふさわしい言葉や表現で説法をされました。

臨済禅師もその手法を踏襲するように、相手によってタイミングをはかり、臨機応変に一喝する、いってみれば「対機喝」の手法をとっていたものと思われます。

その臨済禅師と並び称される厳しい禅師がいました。徳山宣鑑《とくざんせんがん》禅師です。こちらがもちいたのは喝ではなく警策です。

自分のもとにやってくる修行僧に対して禅問答をしかけ、答えがあっても、なくても、警策で三十発打ち据えたといいます。そのことは「徳山の三十棒」として今日まで伝わっています。

「臨済の喝」も「徳山の三十棒」も禅の修行の厳しさを象徴するものといっていいで

しょう。厳しさで修行僧をとことんまで追いつめる。

「もう、どうにもならない」と身心が疲労困憊の極に達したとき、見えてくるものがある、身体でわかることがある。それが禅の風光です。

「食べる」ことも修行に入るのですか。

「食べる」ことは、「お蔭」の重なりで生きることを感じられる大切な機会です。

禅では、「食」をきわめて大切なものと考えています。その作法（『赴粥飯法《ふしゅくはんぽう》』）を定めたのは、道元禅師です。修行中は、逐一その作法に則って食事をとります。前にも触れましたが、こまかく定められた作法ですから、覚えるまでにひと苦労もふた苦労もします。

食事の前に必ず唱えるのが「五観《ごかん》の偈《げ》」というものです。

ひとつには功《こう》の多少《たしょう》を計《はか》り、彼《か》の来所《らいしょ》を量《はか》る
ふたつには己《おのれ》が徳行《とくぎょう》の、全欠《ぜんけつ》を忖《はか》って供《く》に応《おう》ず

みっつには心《しん》を防《ふせ》ぎ過《とが》を離《はな》るる事《こと》は、貪等《とんとう》を宗《しゅう》とす
よっつには正《まさ》に良薬《りょうやく》を事《こと》とするは、形枯《ぎょうこ》を療《りょう》ぜんが為《ため》なり
いつつには成道《じょうどう》の為《ため》の故《ゆえ》に、今此《いまこ》の食《じき》を受《う》く

その意味は次のとおりです。

ひとつにはこの食事がどのようにしてもたらされているのかを考え、たくさんの人のはたらきでいまここにあることを思い、感謝しながらいただきます

ふたつにはこのありがたい食事をいただいてよい自分なのか、そのおこないを反省していただきます

みっつには貪る心や怒りの心、愚かな心がないか、みずからに問いかけながらいただきます

よっつには修行を続けていくうえで身体も心も健全に保つための良薬としていただきます

いつつには仏の道を完成させて実践していくために、この食事をありがたくいただきます

食事のたびにこの「五観の偈」を唱えることで、食事の尊さ、ありがたさが、身心にしみ入ってくるのです。

ここでひとつ質問です。食事の前には手を合わせて「いただきます」といいますが、いったい何をいただくのでしょう。

目の前に並んだ料理をいただくのはもちろんですが、その料理のもとをたどれば「命」ということになります。肉や魚も、野菜や根菜も、木の実や果物も、もとは生きています。命あるものなのです。

表現はきついかもしれませんが、その尊い命を〝奪って〟わたしたちは生きながらえています。いや、生かしていただいているのです。食材の命に感謝することが、食を通した修行の最大の眼目です。

作法はその感謝の心をあらわすもの、かたちにしたもの、といっていいでしょう。

あなたもご存知だと思いますが、修行中の食事は精進料理です。肉や魚はいっさい口にしませんし、出汁をとるためにかつお節や煮干しを使うこともしません。これはできるだけ殺生《せっしょう》をしないという意味からです。

動物や魚の命は一度奪ってしまえば、甦ることがありません。一方、野菜などの植物は根絶やしにしないかぎり、再生します。ですから、肉や魚を使わない精進料理のみをいただくのです。

米一粒にも百人の「お蔭」がある

「五観の偈」の最初の項にありますが、食事はたくさんの人のはたらきでもたらされています。禅では「百人の人のお蔭」といういい方をしますが、米一粒にもそのお蔭があるのです。

米一粒がわたしたちの口に入るまでの経緯を考えてみてください。稲の種籾をつくる人がいます。苗を育てる人、田植えをする人、草むしりをする人、肥料を与える人、稲刈りをする人がいます。

その後も、脱穀して米を送り出す人、流通に関係する人……さらには炊いてくれる人がいて、ようやく米が口に入るのです。

すべての食材がそうです。そこにかかわっている人、**一人ひとりのお蔭があって、お蔭の連なりによって、それを口にすることができる。**そのことを感じながら食事をすることも修行です。

三昧《ざんまい》
目の前のことに無心で打ち込む。

禅即行動《ぜんそくこうどう》
気づいたら行動。とにかく動くことが大切である。

而今《にこん》
過ぎてしまった過去や未来を思い煩っても仕方がない。いまを大切にする。

一掃除《いちそうじ》　二信心《にしんじん》
信心は仏の道を志す者にとって必要不可欠なもの。それでもなお、はじめになすべきことは、煩悩である心の塵や埃を払い、磨くこと。

心《こころ》は是明鏡台《これめいきょうだい》の如《ごと》し　時時《じじ》に勤《つと》めて払拭《ふっしき》せよ
心は澄みきった鏡のように清らかなものであるから、常に一生懸命払い清めなければいけない。

動中《どうちゅう》の工夫《くふう》は静中《じょうちゅう》の工夫《くふう》にまさること百千億倍《ひゃくせんおくばい》
修行に精進すること。動中の工夫は心を込めて作務にあたること。静中の工夫は坐禅を一生懸命おこなうこと。前者は、後者よりはるかにまさっている。

対機説法《たいきせっぽう》
お釈迦さまの説法の手法。相手の能力や気質、状況などを踏まえ、その相手にいちばんふさわしい言葉や表現で説く。

第三章

「いまここ」に集中する

——禅と心

禅では「喜怒哀楽」をどう扱いますか。いつも冷静でいられるものなのですか。

大いに感情が振れますが、振れっぱなしということがありません。

自分の感情をコントロールしたい。誰もが思っていることではないでしょうか。感情がコントロールできないことで、人間関係にもつれが生じた、亀裂が入った、という経験を多くの人がもっているはずです。

それほど感情のコントロールは難しいといえます。禅は心の修行という印象があるからか、こんなことを聞かれることがあります。

「禅をやると喜怒哀楽の感情がなくなって、常に心を平穏な状態に保てるようになるのでしょうか？」

喜怒哀楽は人がもっている自然の感情です。禅をおこなったからといって、それがなくなるなどということはありません。自然のままに生きるのが禅です。**自然に湧き上がってくる感情を抑え込むのは、禅的生き方に反します。**

しかし、感情をコントロールすることはできます。コントロールするとは、感情を引きずらないということです。**喜びや怒り、哀しみや楽しさ、といった思いが心をとらえても、すぐに平静な心に戻ることができる。**感情をコントロールするというのは、そういうことでしょう。

前に一休さんと鰻の話をしました。鰻のたれが焼ける香ばしいにおいを嗅げば、「旨そうだ」という思い（感情）が湧いてきます。それは自然な心のはたらきです。しかし、一休さんはそれをその場に置いてしまう。それが禅の姿です。

置くことができずに、いつまでも抱えている、引きずっているから、「食べたかった」「食べればよかった」という余計な思いに振りまわされるのです。

喜怒哀楽もまったく同じです。何かよいこと、すてきなことに出会って、喜ぶのはいいのです。しかし、いつまでもその喜びに浸り、有頂天になっていたら、周囲はうんざりしませんか。

「いつまで浮かれた気分でいるの？　そろそろわれに返ったらどう！」

そんな冷ややかな視線が向けられるのではないでしょうか。怒りや哀しみ、楽しさだって、いつまでも引きずっていたら、心はそこにとどまってしまい、前に進めません。その結果、感情に振りまわされることになるのです。

メトロノームをご存知でしょう。メトロノームは左右に振れますが、使い終わればニュートラルな位置にセットされます。そのニュートラルな位置が平静な心です。喜怒哀楽の感情に振れても、振れっぱなしになることがなく、いち早く平静な心にセットされる。禅をおこなうことで、心はそういう在り様になるのです。

感情コントロールの要は「呼吸」

呼吸についてはすでにお話ししましたが、喜怒哀楽の感情をコントロールするうえで、もっとも重要なのも呼吸（丹田呼吸）です。

禅では感情を「**おなかにとどめて、頭に上げない**」といういい方をしますが、頭に上げないためのカギは呼吸にあるのです。たとえば、相手がいった言葉で怒りの感情が湧いたとします。そのとき、

「この人はどんなつもりでこんなことをいったのだろう。悪意を感じるな。そうだ、この人は自分に悪意をもっているに違いない」

こうなるのが頭に上げるということです。次にやってくるのは、（自分に悪意をもっている）相手に対して反撃をしなければならないという感情です。そして、反撃に打ってでる。

相手から浴びせられた言葉に匹敵するような、あるいは、それを上まわるような、罵詈雑言《ばりぞうごん》の類いを口にするわけです。結果は明らかです。その場はいわゆる、「売り言葉に買い言葉」という状況となって、収拾がつかなくなります。

それがきっかけで、しばらく疎遠になることもあるでしょうし、へたをすれば縁を絶つということにもなりかねないのです。

一方、おなかにとどめる、つまり、サラリと受け流したらどうでしょうか。こちらが反撃するから、相手はさらに嵩《かさ》にかかってくるのです。こちらが取り合わなければ、相手は出鼻をくじかれます。

拳を振り上げたものの、その下ろし場所がなくなり、その場にいたたまれなくなるでしょう。一方が冷静でいるのに、他方がいきり立っている図ほど、滑稽なものはありません。相手は自分の大人げのなさ、器の小ささを思い知らされることになって、すごすご退散する以外にはありません。

怒りの感情が湧いたら、丹田《たんでん》呼吸です。深く、ゆっくり、数回呼吸をおこなう。それで気持ちは鎮まってきます。**おなかにとどめる態勢がととのうわけです。**これまでにださせていただいた本のなかでも紹介していますが、鎮まった気持ち、穏やかな心をさらに盤石にする方法があります。

曹洞宗大本山總持寺《そうとうしゅうだいほんざんそうじじ》の貫首《かんしゅ》、曹洞宗管長を務められた板橋興宗禅師《いたばしこうしゅうぜんじ》にうかがったものです。丹田呼吸をしたのち、心のなかで三度「ありがとさん、ありがとさん、ありがとさん」と唱えるというのがそれです。

これが板橋禅師流の「怒り撃退法」ですが、唱える言葉は何でもいいのです。「怒らない、怒らない、怒らない」「やわらかく、やわらかく、やわらかく」……。それぞれしっくりくるものを考えてみていかがでしょう。

喜哀楽についても同様です。喜びに気分が舞い上がったり、哀しみで気持ちが沈んだり、楽しさにはしゃいだりするのはいいのです。しかし、それも引きずらない。しばしのち、丹田呼吸をして心を平静なところに戻すことです。

こんな言葉があります。

「人は昨日にこだわり、明日を夢みて、今日を忘れる」

これも「いま」を大切にしなさい、と教えるものです。いつまでも感情を引きずることも、〝昨日にこだわっている〟姿でしょう。命が動いている「いま」の心が忘れられているのです。

いくら嬉しかったとしても、どんなに哀しかったとしても、どれほど楽しかったとしても、それは昨日、つまり、過去のことなのです。それにこだわっていたら、心がそこにとどまり、いまなすべきことが見えなくなります。

いまなすべきことは、いまの心でなければ、見えてきません。いつでもいまの心をはたらかせ、なすべきことをきちんと見据えてしっかりとやっていく。それが禅です。

禅の教えで心配ごとはなくなるものなのでしょうか。

心配していることは、実際ほとんど起きません。

心配ごとや不安が一つもない、という人はいないでしょう。わたしはこう考えています。心配ごと、不安、悩みといったものは、人が生きている証であって、生きているかぎり、それがまったくなくなることはない。

ですから、それをどう捉え、いかに扱うか、が大切になってきます。心配ごと、不安を禅がどう捉えるかが示されているのが、次の公案《こうあん》です。

「達磨《だるま》安心《あんじん》」

達磨はいうまでもなく、禅宗の開祖である達磨大師です。その達磨大師と二祖になる慧可《えか》大師との問答からなるのがこの公案です。

ちなみに、慧可が達磨大師に入門を願いでたときのエピソードも有名です。慧可は必死に教えを請いますが、何も語らず、達磨大師は面壁《めんぺき》（壁に向かって坐禅をすること）を続けます。

折から降り積む大雪のなか、庭に立ち尽くしていた慧可は、やおら、みずからの左臂《ひじ》を切り落とし、達磨大師の前に置きます。修行にかける決意と覚悟を示したのです。禅の道を志すということは、並大抵の決意や覚悟ではできない、ということを示す、すさまじい光景です。達磨大師は慧可の入門を許します。

このエピソードは「慧可断臂《えかだんぴ》」と呼ばれ、その瞬間の光景が「慧可断臂図」として描かれています。国宝に指定されている雪舟《せっしゅう》の筆になるものがよく知られますが、白《はく》隠《いん》禅師にも「慧可断臂図」があります。

さて、「達磨安心」ですが、慧可が達磨大師に求めます。

「修行を重ねても、わたしの心は安らかではありません。どうか、わたしを〝安心〟させてください」

以下がそれに続く問答です。

「そうか、では、おまえの不安な心とやらをここにもっておいで。そうしたら、安心させてやろう」（達磨）

「心を探しましたが、いくら探しても見つかりません」（慧可）

「さあ、もう、おまえのために心を安らかにしてやったぞ」（達磨）

慧可がいくら探しても、不安な心が見つからなかったということは、不安に実体などないということです。そのことに気づけばいい。それがそのまま安心なのだ、というのが達磨大師の最後の言葉の意味です。

禅は心配ごとや不安に「実体はない」と捉えます。心配したり、不安になったりするのは、ほとんど将来のことに関してでしょう。

「景気低迷が続くなか、わが社もリストラに踏み切ると聞いた。もし、リストラされたらどうしよう？」

「最近子どもの様子がおかしい。横道にそれやしないか、心配でたまらない」

「彼からＬＩＮＥの返事がすぐこなくなった。気持ちが冷めてしまったのでは……」

どれも現実には起きていないことです。しかも、将来それが確実に起きると決まっているわけでもありません。未来予測など、到底人知のおよぶところではないのです。いえることは、起きるかもしれないし（そうなるかもしれないし）、起きないかもしれない（そうならないかもしれない）、ということだけ。結局、まるでわからない。雲をつかむような話です。まさに、**心配ごとや不安のタネになっていることに実体はないのです**。

「いま」という現実にしかできることはない

どんなことも、それが現実になってから対応するしかありません。実際にリストラを告げられたら、そこでなんらかの動きをするしかないわけですし、子どもが非行に走ったら、その時点で対策を立てるしかないのです。

そうならないうちは、どうにもならない、手のつけようがありません。**どうにもならないことは「放っておく」のが禅です**。それを放っておかないから、心配ごとや不安が心に棲《す》みついてしまうのです。

人ができることは「いま」という現実にしかありません。「もし、リストラになったら……」というところに心を向けないで、自分が立っている現実のなかで、できることをやっていく。

仕事に全力投球する、スキルアップに繋がる資格をとるための勉強に着手するなど、できることはいくらもあるはずです。

子どもの問題にしても、朝は必ず一緒に食事をとる、こちらから話しかけるようにする、旅行など家族で行動する機会をもつ、といったことが考えられます。恋人の気持ちが知りたかったら、直接会って話し合えばいいわけです。

現実にできることを一生懸命やっていれば、心配ごとや不安が入り込む隙がなくなります。さらにいえば、そのことがいい結果に繋がる可能性が開けます。

仕事に全力投球している姿を見れば、上層部はリストラ候補にしようなどとは考えないでしょうし、親子の密なコミュニケーションは、横道にそれかけていた子どもを、もとに引き戻す力にもなるかもしれません。

どうにもならないことを思いわずらうのは、時間を無駄に使うことにも等しいのです。目を向けるべきはできること、やるべきことです。**「放っておくべきこと」と「やるべきこと」「できること」を見きわめる。**それも禅の手法だといえます。

ネガティブな感情は、どのようにしてコントロールしますか。

人がもともともっている「三毒」を捨てることが禅的修行になります。

煩悩《ぼんのう》についてはこれまでもお話ししてきましたが、仏教ではその根本にあるものを**「三毒《さんどく》」**としています。**「貪《とん》」「瞋《じん》」「癡《ち》」**がそれです。毒という禍々《まがまが》しい名がついているのは、この三つは人の心を蝕《むしば》み、死に至らしめることもあると考えるからです。

いわゆる毒は飲んだり、皮膚についたりすると、命を奪います。それと同じように、心を雁字搦《がんじがら》めに縛り、正しくはたらけなくするのが三毒といっていいでしょう。

貪（貪欲）は「貪《むさぼ》り」、瞋（瞋恚《しんい》）は「怒り」、癡（愚痴）は「愚かさ」です。前に紹介した「五観《ごかん》の偈《げ》」（↓一二八ページ）にも貪瞋癡がでてきます。三項目の「貪《とん》等《とう》」とあるのがそれです。

貪りとは必要以上に求める心です。いまあるもので十分であるのに、もっと欲しい、もっと手に入れたい、というのがそれ。これは、いったんとらわれると際限なくふくらんでいきます。

怒りは欲しいものが手に入らなかったり、ものごとが思うようにならなかったりしたときにあらわれます。人やものにあたる、誰かに怨みや憎しみを向ける、といった行動に繋がります。

愚かさとは、ものごとの正しい判断ができないということです。真理が見えない、真理に対して無知である、といういい方もできます。

人は貪瞋癡にとらわれやすいのです。欲しいという心は随処で顔を覗かせますし、怒りを抑えられないこともあるでしょう。ものごとの判断を誤ることも少なくないかもしれません。

ですから、それをできるだけ抑え、克服していくことが必要なのです。禅の修行はそのためにあるといっても過言ではありません。三毒にまみれないために実践すべきものとしてあげられているのが「**六波羅蜜**《ろっぱらみつ》」です。

「布施《ふせ》」「持戒《じかい》」「忍辱《にんにく》」「精進《しょうじん》」「禅定《ぜんじょう》」「智慧《ちえ》」の六つがそれです。

布施は「お布施をする」など一般にも使われています。もの、金品を喜んで差し上げることです。財物を差しだすのを財施《ざいせ》、お釈迦さまの教えを説くことを法施《ほうせ》、人の心を癒やし、慰めることを無畏施《むいせ》といいます。

持戒は戒律を守ることです。「五戒《ごかい》」や「十戒《じっかい》」という言葉を聞いたことがあるでしょう。その「五戒」は、修行に取り組む者が守るべき五つの戒律で、以下がそれにあたります。「不殺生戒《ふせっしょうかい》（殺してはいけない）」「不偸盗戒《ふちゅうとうかい》（盗んではいけない）」「不邪淫戒《じゃいんかい》（不道徳な性の交わりをしてはいけない）」「不忘妄語戒《ふもうごかい》（嘘をついてはいけない）」「不酤酒戒《ふこしゅかい》（酒を飲んではいけない）」。

忍辱は文字どおり、耐え忍ぶことです。

精進もふだん使われる言葉ですが、どんなことに対しても心を込めておこなうこと、一生懸命努力することです。

禅定は、静かな心で目の前のことに集中することです。

智慧は世の中の真理をしっかり見ていく力、見きわめていく能力のことですが、これまでにあげた五つの波羅蜜を実践していくことで、それが身についてくるのです。

修行中はもちろんですが、禅的生活を送るうえで欠かせないのが、六波羅蜜の実践です。

過去の三毒を懺悔《さんげ》する

わたしたち禅僧（僧侶）は亡くなった方に「戒名《かいみょう》」を授けます。いままで犯してきた罪を悔いあらため、これからは清らかな心で、仏さまの教えにしたがい、戒を守って生きていきます、という誓いを立てた証として授けるのです。

いまは亡くなってから授けることが多いのですが、本来、戒名は生前に授けるものでした。それを「安名授与《あんみょうじゅよ》」といいます。

戒名を授ける際に、必ず唱えるのが「懺悔文《さんげもん》（偈《げ》）」という短いお経です。

我昔所造諸悪業《がしゃくしょぞうしょあくごう》
皆由無始貪瞋癡《かいゆうむしとんじんち》
従身口意之所生《じゅうしんくいししょしょう》
一切我今皆懺悔《いっさいがこんかいさんげ》

意味は、次のようになります。

わたしが昔からつくってきたさまざまな悪業《あくごう》は
遠い過去から積み上げてきた貪瞋癡、すなわち三毒によるものです
それは身（身体、ふるまい）、口（言葉）、意（心に思ったこと）でおこなった三《さん》
業《ごう》から生まれたものです
いま、わたしはそれらすべてを懺悔します

ここでもあらゆる悪業の因として、貪瞋癡の三毒があげられています。そして、三毒は身口意《しんくい》でおこなったことから生じるとしています。身口意でのおこないを、それぞれ身業《しんごう》、口業《くごう》、意業《いごう》といいます。

地位や肩書きが欲しくて、人を陥れたり、裏ぎったりするのは身業によって貪をなしていることですし、怒りにまかせて人を罵《ののし》ったりするのは口業による瞋、むやみに人を羨んだり、妬んだりするのは意業が癡に陥っている姿です。

もちろん、はじめから「悪業をしてやろう」と考える人はいないはずですから、ほとんどの場合、人は知らず知らず、気づかずに、悪業をしてしまうのです。たとえば、ちょっと虫の居所が悪くて、友人に邪険な対応をしてしまう。まったく悪意がなく発した言葉が誰かを傷つけてしまう……。

そうしたことは誰にでもあるのではないでしょうか。ですから、日々、自分がしたことを省みることが大切です。わたしは折りに触れて懺悔文を唱えます。それが、自分を律することにもなり、自分の至らなさに気づかせてもくれるからです。

山本玄峰《やまもとげんぽう》老師は生前、よくこうおっしゃっていたそうです。

「夜布団に入っても、眠りに落ちるまでにしばし時間があるだろう。その時間にその日一日自分がやったことをもう一度思いだしなさい」

一日の行動を思いだすなかで、反省すべき点があったら、あらためることを心に誓って眠りにつく。誰にでもできる「懺悔文の黙誦《もくしょう》」だと思います。

ネガティブな感情のなかでも、「嫉妬」はなかなか消えません。

嫉妬や羨望は「比較」することから生まれます。

人が抱くいろいろな感情のなかで、とりわけやっかいなのは、嫉妬や羨望かもしれません。

誰かを妬ましい、羨ましい、と感じると、その感情が心に巣くってしまい、そこから抜けだすのが難しいのです。

なぜ、嫉妬や羨望という感情が生じるのでしょう。原因ははっきりしています。自分と誰かを「比べる」からです。

「同期入社なのに、彼はいい仕事ばかり与えられている。なぜ、自分には裏方仕事しかまわってこないのか」

比べることで、仕事に恵まれている彼を妬ましく感じるわけです。妬み、嫉みが憎しみ、怨みに変わっていくこともあるでしょう。

「彼女にはあんなにすてきな恋人がいるのに、わたしは出会いさえない。世の中ってなんて不公平なの」

こちらも恋人がいる彼女と比べるから、羨ましい気持ちになるのですし、恋人がいない自分が惨めになったり、世の中を恨めしく思ったりするのです。

しかも、心が嫉妬の感情や羨望感でいっぱいになっているときは、肝心なことに気づかないのです。肝心なこととは何でしょう。他人を妬んだり、羨んだりすることは、何の意味もない、というのがそれです。

考えてみてください。陽の当たる場所で仕事をしている同僚を妬んだら、自分にもいい仕事がまわってくるでしょうか。

恋人がいる彼女を羨んだら、自分に恋人ができますか。

どちらも絶対にあり得ません。それどころか、嫉妬や羨望感に振りまわされて、与えられている仕事さえ満足にできなくなる、恋からますます遠ざかる、といったことになるのです。


禅は比べることを強く戒めます。

「至道無難《しいどうぶなんなり》　唯嫌揀択《ただけんじゃくをきらう》」

悟りの境地に至るのはなにも難しいことではない。ただ、揀択しなければいいだけのことである、という意味の禅語です。揀択とは分別すること。ものごとを対立的に見て、どちらがよくてどちらが悪いと決めつけたり、こちらが好きで、あちらは嫌いといったふうに選り好みしたりするのが分別です。

比べることも分別です。彼（彼女）と自分を対立的に見て、彼（彼女）の状況はいい、自分の状況は悪い、と決めつけているわけでしょう。

禅はその分別さえしなければ、悟りに至ることも難しくはない、といっているのです。いい方を換えれば、**悟りを得るための最大の妨げが分別だということです**。分別は迷いのもとです。それ（比べること）をやめたら、嫉妬や羨望という迷いから抜けだすのは容易いのです。

一人ひとりが絶対の存在

禅では、人は一人ひとりが絶対の存在だと考えます。**誰もが余人をもって代えがたい自分なのです**。そのことをしっかり認識することが大切です。それができていないと比べることにもなる。

そして、自分のほうがまさっていると思えば、安心感をおぼえ、ちょっとした優越感にひたるわけです。逆もまた真なり、です。比べた相手が自分よりすぐれていると感じたら、今度は劣等感が芽生え、惨めな気持ちになるのです。

本来、人に優劣などないのですが、その視点で人を見るようになると収拾がつかなくなります。上には上がいくらでもいますし、下には下がいくらでもいるからです。その結果、優越感と劣等感の狭間で翻弄《ほんろう》されることになるのです。

絶対の存在である自分というところに立脚すると、見える風景がガラリと変わります。仕事にしても、陽の当たる仕事と裏方仕事という区別がなくなる。〝自分の仕事〟という見方ができるようになるのです。

そして、絶対の自分として、その自分の仕事を精いっぱいやることだけに力を注ごう、というかまえができてきます。

「随処作主《ずいしょにしゅとなれ》　立処皆真《りっしょみなしんなり》」

臨済《りんざい》義《ぎ》玄《げん》禅師の言葉ですが、どんな場所にいても、そこで主体性をもって一生懸命務めれば、本来の自分として生きていくことができる、といった意味です。本来の自分として生きるということが、絶対の自分を生きることに等しいのは、いうまでもないでしょう。

「人は人　吾はわれ也　とにかくに　吾行く道を　吾は行くなり」

これは、京都学派の創始者である哲学者西田幾多郎《にしだきたろう》博士の言葉です。絶対の自分を淡々と、真摯に生きる博士の姿勢が胸に迫ってくる名言です。西田博士の高校時代の同級生が、英語で禅の本を書き、海外に広く禅を知らしめた鈴木大拙《すずきだいせつ》さんです。

鈴木さんは鎌倉にある圓覚寺《えんがくじ》の今北洪川《いまきたこうせん》、釈宗円《しゃくそうえん》両禅師に参禅しています。「大拙」の居士号《こじごう》は釈禅師に授けられたものです。その鈴木さんとの交友を通じて、西田博士が禅に触れ、打ち込んでいったことはよく知られています。先の名言が禅の考え方そのものであるのは理由のないことではないのです。

自分は自分で絶対、人は人で絶対。そのことがストンと胸に落ちると、人に対する見方も変わってきます。人はともすると、他人に対して「こんな人であって欲しい」「ここをもう少し変えて欲しい」と思ったりするものです。

「うちの課長はなぜ、部下の仕事にいちいち口を出すのかな。まかせる度量をもった人なら、ずっと仕事がやりやすいのに……」

「彼がもう少し気配りができる人になってくれたら……」

といった具合です。そうした〝不満〟が人間関係をギクシャクしたものにすることもあるでしょう。しかし、人は人で絶対なのですから、あれこれ望んだり、求めたりするのはおかしいのです。

（絶対である）その人をあるがまま受け容れる。それが人づきあいの原点です。原点を見据えていれば、人間関係ははるかに風通しがよく、シンプルなものになります。軋轢《あつれき》や衝突が格段に減って、煩わされることもなくなっていきます。

「悟無好悪《さとればこうおなし》」

悟ってしまえば、好きも嫌いもなくなる、という禅語です。ここでいう悟りは相手をあるがまま受け容れるということです。

禅では「無」になることを教えていますが、それでは気持ちをだせません。

「気持ちをだせない」という「縛り」から解放されることが「無」です。

禅では「無」という考え方がとても重要です。ふつう無というと、たとえば、ものが「有る」に対して「無い」というように、存在しないことを意味します。しかし、禅でいう無はそういうことではありません。

無は心の在り様、状態をいう言葉です。人には固定観念があります。「〜でなければならない」「〜であるべきだ」という思い、心の作用がそれです。それは自分を縛るものでもあります。

縛るものは、ほかにもあります。我欲、我執などがそれです。そうした**自分を縛るものいっさいから解き放たれ、一点の曇りもない清浄無垢な心の状態をつかむこと。**

それが禅の無です。「無我」「無念」「無心」「無双」などさまざまないい方がありますが、すべて同じことをいったものです。

心が縛られるというのは、そこで心が停滞してしまっているということです。いささか古い例で恐縮ですが、かつて「男子厨房に入らず」ということがいわれた時代があります。男子たるものキッチンに入るのはもってのほか、料理などというものは女子にまかせておけばよい、ということです。

そんな固定観念をもっていれば、心はそこから動きませんから、けっして料理に取り組むことはないでしょう。つまり、料理の楽しさを感じることも、自分のつくった料理をふるまう喜びとも無縁のままです。

一方、その固定観念から離れたら、心は縛りから解放され、どこにでも動いていけます。すなわち、つくりたければ料理をつくるでしょうし、その楽しさやふるまう喜びとも出会えるわけです。

このように、ひとつ縛りから離れただけでも、心は新たな楽しさや喜びを感じることができます。もし、すべての縛りから解放された無になることができれば、**心は融《ゆう》通無碍《ずうむげ》そのものとなります**。あるがままを、あるがままに受け容れ、しかも、どんなときも、どのような状況にあっても、充足していられるのです。

「萬法帰一《ばんぽういちにきす》」

これは、この世のあらゆるもの、森羅万象《しんらばんしょう》は「一」に帰っていく、ということをいった禅語です。一とは根源的な真理です。人でいえば、先ほどお話しした一点の曇りもない清浄無垢な心がそれでしょう。

人はその真理を携えて生まれてきます。生まれ落ちたばかりの赤ちゃんの心には我欲も、我執もありません。しかし、成長するにつれて、それらがまとわりついて、真理を覆ってしまうのです。心に曇りが生じる。

損得を考えたり、美醜の判別をしたり、ものごとを善悪でとらえたりするのは、心に曇りがあるということ、真理が露わになっていないということです。

しかし、人は結局、真理に帰っていきます。死を思ってみてください。死ぬときは何一つもっていけません。心がまとっている損得、美醜、善悪といった分別（判断基準）はもちろん、富も、名誉も、地位も……何もかも手放してあちらの世界にいくのです。それは、清浄無垢な心、一に帰っていくということです。

そのことに気づき、**この世にあっても一に帰るための努力をし、精進を重ねるのが、**

無を求めていくということであり、禅そのものといっていいでしょう。弘法大師《こうぼうだいし》空海《くうかい》さんにこんな歌があります。

「阿字《あじ》の子《こ》が　阿字のふるさと　立《た》ちいでて　また立《た》ち還《かえ》る　阿字のふるさと」

ここでいう〝阿字のふるさと〟が「一」であり、「真理」です。人生は一から始まり、一に帰る道程です。

坐禅で無になる

無という心の状態、いわゆる無の境地にはそう簡単になれるものではありません。禅の修行をしていても、そう易々と心にまとっているものが剥がれていくわけではないからです。

ただし、それを体感することはあります。坐禅をしているときです。心を縛っているものが何もなくなって、天地と一体になっていると感じられることがあるのです。

坐禅について、百丈懐海《ひゃくじょうえかい》禅師はこんな言葉を残しています。

「**独坐大雄峰**《どくざだいゆうほう》」

ある僧が百丈禅師のもとを訪れてこう尋ねます。

「如何《いか》なるか是奇特《これきとく》の事《こと》（この世でいちばん尊く、ありがたいものは何ですか？）」

それに対する百丈禅師の答えがいまあげた禅語です。その意味は、

「この大自然のなかに、命をいただいた自分が、こうしてどっかとすわっていることがいちばんありがたい」

ということです。大自然はそのまま真理を体現しています。はからい（自分を縛るもの）がどこにもありません。その大自然に溶け込み、一体となってすわっている自分もまた、そこに真理を体現している。これ以上に尊く、ありがたいことなどない、というのが、百丈禅師が禅語に込めた意味でしょう。

究極の坐禅の姿だと思います。心が無になっている。坐禅をしていると、そういう瞬間を体感することがあります。ふだんなら聞こえないようなかすかな風のそよぎや川のせせらぎ、小鳥のさえずりなどが、聞くともなしに聞こえる。

時間の経過や自分がすわっていることさえも意識されず、ただ、「心地よさ」だけが心にも身体にも感じられる。実際、そんな瞬間があるのです。天地と一体になっているというのは、そういうことだと思います。

天地には仏さまの命がいっぱいに行き渡っています。それに抱かれて自然も、人も

ひしひしと身心に満ちてきます。

生かされています。そのことに気づく瞬間だといってもいいでしょう。ありがたさが

「樹下石上《じゅげせきじょう》」

この禅語は、樹の下、石の上ですわるということです。かつて、中国での廃仏毀釈《はいぶつきしゃく》の折、または修行行脚《あんぎゃ》を続ける雲水が好んで樹の下や石の上（自然のなか）で坐禅をしたことから生まれた禅語ですが、そこから発展して、たとえ、樹の下や石の上であっても、そこが修行道場なのだ、自分がいるすべての場所が修行道場である、ということをいっています。

しかし、やはり、最高の修行道場は自然でしょう。樹下石上で静かにすわっている雲水は、至福の時間を感じていたに違いありません。

すべてに解放されて、自由になることができますか。

心を自在に変化させ、でも自分を失うことがない。これが禅でいう自由です。

あなたは「自由」ということをどのように受けとっていますか。言論の自由、権利を主張する自由、といった使われ方をしますから、何者にも邪魔されず、自分を前面にだすことが自由だという印象があるかもしれません。

もちろん、抑えつけられることが自由に反するのはいうまでもありません。いいたいことがいえず、権利も認められない社会は暗黒です。それは十分承知したうえでいうのですが、現代社会は自由をはき違えているのではないか、と思えるのです。

権利を主張する自由はあってしかるべきですが、一方で調和ということも忘れてはいけないのではないでしょうか。自分の権利を主張するばかりで、他人のことはいっさい考えない。それが自由でしょうか。

誰もがそんな〝自由〟を振りかざしたら、社会が混乱することは必至です。聖徳太子《しょうとくたいし》の定められた十七条憲法に「和《わ》を以《もっ》て貴《とうと》しとなす」の文言があるように、元来、日本人は調和を大切にしてきました。

自分の自由を主張するときにも調和への配慮があった。他者への思いやり、気遣い、おたがいの譲り合い、といったものがそれです。主張する自由と調和への配慮が、いわば両輪となって成り立っていたのが、日本の社会だったのだと思います。

しかし、いまはバランスが崩れてしまっています。前者に大きく傾いているとわたしには思えるのです。ひとことでいえば、アメリカナイズされているということなのかもしれません。

それは日本らしさを失うこと、日本の美徳をなくすことでもある、という危惧をわたしはもっています。

前置きが長くなりましたが、禅でいう自由は一般でいうそれとは大きく違っています。禅では自由をよく雲に喩《たと》えます。たとえば、

「**白雲自在《はくうんじざい》**」

空に浮かぶ白雲は風が吹くままに、東に西へ、また南に北へと自在に流れます。かたちも風によってどのようにでも変わっていく。しかし、どんなに千変万化《せんぺんばんか》しても、雲であるというその本分は変わることがありません。

これが禅の自由です。**何にもとらわれず、こだわらず、自在に変化しながら、自分を失うことがない。そこに真の自由があります。**

自分を失わないということは、本分をまっとうすることといっていいと思います。自由は「自（分）」に「由《よ》（る）」のですから、自分を拠り所にすること、すなわち、しっかり地に足をつけ、本分をまっとうしていることが、自由であることに欠かせない条件でしょう。

心を瞬時に転じていく

禅にはこんなエピソードが伝わっています。

修行行脚を続ける雲水《うんすい》が、あるとき山中のあばら家で一夜を過ごすことになります。文字どおりのあばら家で、天井は破れ、床も何か所にも穴が開いている。すきま風が吹き込み、暖をとるために床板をはがして燃やさなければならない、という塩梅です。

雲水の心は惨めさでいっぱいになります。

「なんとまあ、よりにもよってこんなところで一夜を明かさなければならないとは、情けないことだなぁ」

ここは寝るしかない、と雲水はゴロリと床に横になります。そして、思わず「おお！」と声をあげます。天上の破れ穴から美しい月が覗き、やわらかい光が自分を包み込んでくれていることに気づいたからです。

惨めだった心は、瞬時に転じます。

「このあばら家に一夜の宿を借りたおかげで、こんなにもすばらしい体験をすることができたのだ。なんと、ありがたいことだなぁ」

雲水の心は幸せ感でいっぱいになるのです。

心が惨めだというところにとどまっていたら、月光に包まれていることの幸せを感じることができたでしょうか。その幸せに気づかなかったかもしれません。惨めな心を抱えたまま一夜が過ぎていったのではないか、と思うのです。

そこにとどまることなく、自由であったからこそ、心は転じることができて、一夜は幸せなものとなったのです。

このように、**マイナスをプラスに転じる**ということも、禅の重要な一面です。人生は山あり谷あり、順風に乗っていけることもあれば、逆風に正面からさらされることもあります。逆風のなかにいて心が縮こまったままであったら、なかなか前には進めません。こんな禅語もあります。

「八風吹不動《はっぷうふけどもどうぜず》」

八風とは「利《り》」（成功すること）「誉《よ》」（陰でほめること）「称《しょう》」（面と向かってほめること）「楽《らく》」（楽しいこと）」「衰《すい》」（失敗すること）」「毀《き》」（蔭でそしること）」「譏《き》」（面と向かってそしること）」「苦《く》」（くるしみ）」のことです。

前の四つは人生で遭遇する順風の状況、後の四つは逆風の状況です。そのどの風が吹いたときも、動じてはいけない、とこの禅語は教えます。

動じるというのは、風に動かされて、心がそこにとどまることでしょう。成功して得意な心のままでいる、失敗して落ち込んだ心のままでいる、ということです。禅語はそのことを戒めています。

これも、とどまらない自由な心の大切さをいったものです。

禅では、「慈悲」という言葉もよくでてきます。慈悲とは何でしょうか。

目に見えないものにも、あまねく心を寄せることです。

「慈悲」も一般的に使われている言葉です。「あの人は慈悲深い」といった使い方がよくされます。慈は慈しむこと、悲はあわれむことで、仏教では「抜苦与楽《ばっくよらく》」を望む心のはたらきを慈悲としています。抜苦与楽とは、苦しみを取り除き、楽を与えるということです。

慈悲は通常一つの言葉として使われていますが、本来は慈と悲は独立していて、どちらも「四無量心《しむりょうしん》（四梵住《しぼんじゅう》／四梵行《しぼんぎょう》）」という四つの心のはたらきの一つなのです。「**慈悲喜捨《きしゃ》**」がその四無量心です。以下がそれぞれの意味です。

慈……相手の幸福を望む心

悲……苦を取り除いてあげたいという心
喜……相手の幸福をともに喜ぶ心
捨……相手に対する平静で落ち着いた心

慈悲の心を象徴しているのが「観世音菩薩《かんぜおんぼさつ》」、観音さまです。観音は「音」を「観（る）」ということです。人びとの悩みや苦しみ、その心の音（声）を観る（聞く）のが観音の意味。そして、相手の立場に立って、抜苦与楽に導いてくれる。観音さまはそういう存在です。

ただし、観音さまは実在していたわけではありません。この世にいらしたのはお釈迦さまだけです。観音さまは菩薩ですが、他にもたくさんの菩薩がいらっしゃいます。未来の世界で人びとを救う弥勒菩薩《みろくぼさつ》、智慧を司る文殊菩薩《もんじゅぼさつ》、仏さまの真理や修行の徳を司る普賢菩薩《ふげんぼさつ》、お地蔵さまとして知られ、人びとの近くにいて救いの手を差し伸べる地蔵菩薩、などがよく知られています。

仏さまの役割を、それぞれの菩薩が担っているといっていいでしょう。

ちなみに、菩薩というのは、いつでも悟りを開くことができるのですが、あえてこの世に残り、修行を続けながら、人びとの救済にあたっている存在のことです。

「利他行《りたぎょう》」

これは、自分のことは措《お》いて、まず他人のためになることをおこなうこと、他人を救うことを第一義に行動することですが、菩薩がおこなっている「菩薩行《ぼさつぎょう》」がまさにこの利他行です。

慈悲の心の実践に欠かせない「四摂法」

慈悲の心を日々実践していく。それも禅的な生き方です。そこで欠かせないのが「**四摂法**《ししょうぼう》」でしょう。「**布施**《ふせ》」「**愛語**《あいご》」「**利行**《りぎょう》」「**同事**《どうじ》」がそれです。

布施は物質的なもの、精神的なものを問わず、相手に分かち与えること、愛語は相手の心に寄り添い、相手を思いやった言葉をかけること、利行は先にお話しした利他行と同じ、同事については別の項目でも触れましたが、相手の立場に立ってものごとを感じること、見ること、考えることです。

道元《どうげん》禅師は「四摂法」を次のように解説しておられます。

「布施《ふせ》といふは不貪《ふとん》なり、不貪といふは、むさぼらざるなり、むさぼらずといふは、世《よ》の中《なか》にいふへつらわざるなり」

（布施とは、貪欲〈貪癡瞋の〝貪〟です〉に陥らないことであり、それは世間にへつらわないことである）

「愛語《あいご》といふは、衆生《しゅじょう》をみるにまづ慈愛《じあい》の心《こころ》をおこし、顧愛《こあい》の言語《げんご》をほどこすなり。おほよそ暴悪《ぼうあく》の言語なきなり」

（愛語とは、人びとに向き合うときにまず、慈愛の心をもち、愛のこもった言葉をかけることである。乱暴な言葉は口にしないことである）

「利行《りぎょう》といふは、貴賤《きせん》の衆生《しゅじょう》におきて、利益《りえき》の善巧《ぜんぎょう》をめぐらすなり。たとへば、遠《おん》近《きん》の前途《ぜんと》をまぼりて、利他《りた》の方便《ほうべん》をいとなむ」

（利行とは、貴賤の別なく人びとのためになる手立てを講じることである。たとえば、現在から将来までを見守って、他を利する方策に励むことである）

「同事《どうじ》といふは、不違《ふい》なり。自《じ》にも不違なり、他《た》にも不違なり。たとへば、人間《にんげん》の如《にょ》来《らい》は人間に同《どう》ぜるがごとし」
（同事とは、違わないことである。自分にも違わず、他人にも違わないことである。たとえば、人間の如来である釈尊＝お釈迦さまは、世間の人と同じであったようにである）

常にこの四つのことを心に置き、それにしたがって行動していく。それは慈悲の心の実践であり、また、禅の道、仏の道を生きることです。

一滴の水も大切にする

目の前にいる人に慈悲の心で接することは、比較的できやすいかもしれません。しかし、慈悲の心はもっと、もっと、深いものなのです。

曹洞宗大本山永平寺の石柱に、次の言葉が刻まれています。

「杓底一残水《しゃくていのいちざんすい》　汲流千億人《ながれをくむせんおくにん》」

川から掬《すく》った水は柄杓《ひしゃく》の底に残った分を、川に戻しなさい、流れから水を汲む人は大勢いるのであるから、という意味です。この禅語は、道元禅師のお考えをもとにして、永平寺七十三世の熊澤泰禅《くまざわたいぜん》禅師によってつくられたものといわれています。

道元禅師は、谷川の水を汲んで洗面など日常の暮らしに使っていました。しかし、柄杓の水を全部使うことはせず、残った水は川に返していた、といういい伝えからこの禅語が生まれました。下流には炊事のため、洗面のため、洗濯のため、農耕作のため……などさまざまに水を使う人びとが待っています。

その人びとのことを思えば、たとえ一滴の水であっても、贅沢に使うことは許されない。それが道元禅師のお考えでした。

目に見えない人びとのことにも思いを寄せる。そこから進んで、人びとにあまねく思いを寄せる、いや、そこにとどまることなく、水に棲《す》む魚やその水を飲む動物、水が不可欠な植物にまで思いを寄せる。

道元禅師の言葉は、そのことの大切さをいったものです。慈悲の心は無限の広がりと奥行きをもっている、といっていいでしょう。

達磨《だるま》安心《あんじん》
心配や不安に実体などない。そのことに気づけば、それがそのまま安心になる。

至道無難《しいどうぶなんなり》　唯嫌揀択《ただけんじゃくをきらう》
悟りの境地に至るのは難しいことではない。ただ、分別しなければいいだけのことである。

随処作主《ずいしょにしゅとなれば》　立処皆真《りっしょみなしんなり》
どんな場所にいても、そこで主体性をもって一生懸命つとめれば、本来の自分として生きていくことができる。

悟無好悪《さとればこうおなし》
悟ってしまえば、好きも嫌いもなくなる。相手をあるがまま受け容れられる。

萬法帰一《ばんぽういちにきす》
この世のあらゆるものは「一」に、真理に帰っていく。

独坐大雄峰《どくざだいゆうほう》
自分を縛るものはどこにもない。大自然に溶け込み、一体となってすわっている自分もまた、そこに真理を体現している。それほどありがたく、尊いことはない。

樹下《じゅげ》石上《せきじょう》
たとえ樹の下や石の上であっても、そこが修行道場である。自分がいるすべての場所が修行道場である。

白雲自在《はくうんじざい》
空に浮かぶ白雲は、風が吹くままに自在に流れる。しかし、千変万化しても雲であるというその本分は変わることがない。

八風吹不動《はっぷうふけどもどうぜず》
順風、逆風、どの風が吹いたときも、動じてはいけない。

杓底一残水《しゃくていのいちざんすい》　汲流千億人《ながれをくむせんおくにん》
川の水を汲む人は大勢いるのだから、川から掬った水は柄杓の底に残った分を、川に戻しなさい。

第四章

曇りのない心を探しだす

——禅

「禅」には、じつのところ意味があるのでしょうか。

一点の曇りもない「本来の心」を探しだすことに意味があります。

ここからは禅の全体像がわかっていただけるような話をしていきたいと思います。禅の特徴をあらわしているのが次の禅語です。

「**不立文字**《ふりゅうもんじ》　**教外別伝**《きょうげべつでん》
直指人心《じきしにんしん》　**見性成仏**《けんしょうじょうぶつ》」

その意味は、禅は文字や言葉にとらわれることなく、心から心に伝えるものである。自分の心の内をしっかり見つめ、「**本来の自己**」と出会うのが禅である、ということです。

「本来の自己」とは、すでにお話ししたように、仏性であり、一点の曇りもないきれいな心です。その心を自分の内に見いだすべく、修行に打ち込むのです。

「**一切衆生悉有仏性**《いっさいしゅじょうしつうぶっしょう》」

これは、この世に存在するものにはすべて仏性が備わっている、ということをいった禅語です。しかし、生きていくうちにそれは煩悩《ぼんのう》で覆われてしまい、にわかには見いだせなくなっています。

ですから、修行が必要になる。**規則正しく、厳しい修行を続けることによって、煩悩を削ぎ落とし、心を掘り下げて、隠れている一点の曇りもない心を探しださなければいけないのです。**

その心に出会うために禅の修行はあり、その心を日々の生活、日常に活かしていくことが、禅の教えといっていいでしょう。

では、一点の曇りもない心とはどのようなものでしょうか。道元禅師《どうげんぜんじ》はこうおっしゃっています。

「仏道《ぶつどう》をならふといふは、自己《じこ》をならふなり。自己をならふといふは、自己をわするるなり。自己をわするるといふは、万法《ばんぼう》に証《しょう》せらるるなり」

仏道をならうということは、自分を学ぶことである。それは自分を徹底的に見つめることであり、すなわち、自分を忘れることである、と道元禅師はしています。自分を忘れるというのは、無我になるということでしょう。

するると、自分が森羅万象《しんらばんしょう》、あらゆるものに支えられて、生かしていただいていることに気づく。それが仏性《ぶっしょう》（真理）、つまり、一点の曇りもない心に出会うことなのです。**一点の曇りもない心とは、とらわれのない心、「無心」です。**

人の心はさまざまなものにとらわれています。たとえば、お金やものが欲しいという思い、肩書きや地位を手に入れたいという思い……。すべて煩悩です。その煩悩もまた、自分の心から生まれています。

心から生じる煩悩によって、その煩悩にとらわれることによって、心が縛られている。これが生きている人の心の在り様だといっていいでしょう。

縛られている心を解き放つために修行がある

縛られているものから心を解き放って、とらわれのない心になることが、禅といっていいと思います。そのために必要なのが規則正しい生活です。乱れた生活をしていたのでは、縛られるものが増えるばかりです。

禅の修行は「清規《しんぎ》（↓九一ページ）」によって、規則正しい生活になるようにタガがはめられています。**心を縛る煩悩にとらわれる隙がない〝しくみ〟**になっているといってもいいでしょう。その生活を繰り返すことで、煩悩が剥がれていき、少しずつ、心が解き放たれていくのです。

規則正しい生活というのは、スケジュールどおりにものごとをこなすことだけをいうのではありません。前にもお話ししましたが、一つひとつのことに精いっぱい心を込めていく、そのことを丁寧にやっていく、ということです。

また、やるべきことをすぐにやる、ということも大切です。こんな公案《こうあん》があります。

「趙州洗鉢《じょうしゅうせんぱつ》」

あるとき、禅門に入ったばかりの修行僧が趙州禅師に尋ねます。

「わたしは修行を始めたばかりのものです。どのような心がまえで修行をしていったらよいのか、何かご教示をお願いしたいのですが……」

趙州禅師はこういいます。

「ところでおまえさん、朝のお粥を食べたかな？」

修行僧が「いただきました」と答えると、禅師はこう続けたのです。

「じゃあ、（お粥を食べるときに使った）鉢を洗っておきなさい」

食事をいただいたあとにやるべきことは、使った食器を洗うことでしょう。そうであれば、そのことを、すぐさま、心を込めてやる。それが禅の修行である、ということをこの公案はいっています。

このことは日常生活でも同じです。食事の後片づけは面倒くさいと感じている人は少なくないはずです。そこで、つい、つい、

「少し休んでからやることにしよう」

ということにもなる。やるべきことを後回しにするわけです。しかし、そうすると間違いなく、余計に億劫《おっくう》になります。

「明日の朝食後の洗いものと一緒にすればいいや」

こうして、キッチンのシンクに汚れた食器が積み重なったまま、その日一日が終わるわけです。それでは心のなかに〝やり残した感〟があって、安らかな睡眠がとれないということにもなるのではないでしょうか。

やるべきことは、とにかく、すぐさま、心を込めて、やってしまうことです。最初は面倒くさい、億劫だ、という気持ちを振りきるのが大変かもしれません。しかし、それでも**続けていると、それが「習慣」になります**。

禅の修行も当初は、朝起きるのも、食事をするのも、何もかもが大変です。しかし、やめることは許されませんから、つらさに堪え、必死の思いで続けるわけです。すると、不思議なもので、つらさがなくなり、自然に身体が動くようになるのです。

朝起きることが、食事作法《じきじさほう》が、習慣になった、身についた、ということでしょう。そのようにして、禅のあらゆる作法を習慣にしていく、身につけていくのが修行です。修行の日々は無我、無心に向かうための、すなわち、一点の曇りもない心に出会うための、一歩、一歩です。

坐禅はお釈迦さま以前からインドでおこなわれていた行《ぎょう》ですが、禅がそれを修行の核としてもちいるのは、お釈迦さまが坐禅によって悟りを開かれたからです。道元禅師は、坐禅こそ真の行であり、ただ、ひたすら、坐禅の一行に徹すること（只管打坐《しかんたざ》）がもっとも重要である、と説いています。

禅の成り立ちを教えてください。

お釈迦さまのいるインドから中国へ、日本に伝わりました。さらに宗派が分かれていきます。

仏教の宗派はたくさんありますが、もとをたどっていけば、すべてお釈迦さまの教えに集約されます。禅ももちろんそうです。しかし、発祥地のインドには禅の宗教集団はありませんでした。

禅が確立されたのは中国。インドから中国にわたった菩提達磨大師《ぼだいだるまだいし》が、その地で宗派として禅を開いたのです。達磨大師がつくりあげたのは、禅の教義や理論ではありません。坐禅の実践にすべてがあるとして、それを宗旨《しゅうし》としたのです。

「面壁九年《めんぺきくねん》」

文字どおり、壁に向かって坐禅をすること九年ということですが、それを実践したとされるのがほかならぬ達磨大師です。ちなみに、玩具のダルマには手足がありませんが、九年もの間、坐禅を続けることで手足が腐ってしまった、といういい伝えから、あのかたちになったのです。達磨大師はお釈迦さまから数えて二十八代目にあたります。そのあとを継いだのが慧可《えか》大師（ここでは、以下達磨大師以外は〝大師〟略）で、禅の二祖になります。慧可が自分の左臂《ひじ》を切り落として、修行に打ち込む覚悟を示し、入門を許されたという話はすでに紹介しました（↓一四〇ページ）。

中国で禅が大成するのは六祖慧能《えのう》の代ですが、先代の五祖弘忍《こうにん》（臨済宗《りんざいしゅう》では「ぐにん」と呼ぶ）が後継者を慧能と決めた際のエピソードも有名です。

慧能は貧困のうちに育ち、薪を売って暮らしを立てていました。学ぶ機会もなく、読み書きもできなかったのです。その慧能が弘忍に弟子入りするのですが、弟子のなかには飛び抜けた才あり、と認められていた神秀《じんしゅう》がいました。

後継者は神秀というのが、周囲の一致した見方だったのです。後継者を決めるにあたって、弘忍は「偈《げ》」を示すよう命じます。神秀は真っ先にすぐれた偈を示します。ところが、それに対抗するように慧能も偈を示したのです。

読み書きができませんから、自分の偈を弟子仲間に書いてもらい、読み上げてもらうという手順が必要でした。

「**本来無一物**《ほんらいむいちもつ》」

本来、とらわれるべきものなど何もない、いっさいが空であり、無である、という意味の禅語ですが、これはそのとき慧能が示した偈のなかの文言です。弘忍は周囲の見方を覆し、慧能を六祖に選びます。

六祖となった慧能は禅を大成させます。そのことをいっているのが次の禅語です。

「**曹源一滴水**《そうげんのいってきすい》」

曹源とは、曹渓《そうけい》（慧能）を源とするという意味。慧能を源とする禅という一滴の水が、やがて流れをつくり、ついには大河となった、ということをあらわしているのが、この禅語です。

慧能が生きたのは七世紀中盤から八世紀にかけてです。じつは禅が日本に伝わったのも、ほぼ同時期なのです。

日本に禅を伝えた道昭

日本の禅といえば、曹洞宗《そうとうしゅう》の道元禅師、臨済宗の栄西《ようさい》禅師（「えいさい」ともいわれる）が「開祖」として知られています。しかし、禅が伝わったのはそれよりずっと以前のことです。

最初に日本に禅を伝えたのは道昭《どうしょう》です。正確な年度はわかりませんが、道昭は七百年に没していますから、それ以前であることはたしか。奈良時代の前、飛鳥時代には禅が日本に上陸していたのです。

伝教大師最澄《でんぎょうだいしさいちょう》も唐代の中国に渡り、禅を授かっています。禅の文献も多数持ち帰り、比叡山《ひえいざん》でも禅を講じています。その後も何人もの僧が禅を伝えますが、残念ながら時代に受け容れられることはなく、根づくことはありませんでした。

道元禅師が生まれたのは、時代が平安から鎌倉に移る間際。政権が貴族から武士に移ろうとする大変動の時期でした。道元禅師は十三歳で出家し、比叡山延暦寺《えんりゃくじ》で学びます。しかし、そこでの修行に飽き足らず、比叡山を下り、京都建仁寺《けんにんじ》で栄西禅師の弟子である明全《みょうぜん》に師事します。

明全とともに宋代の中国にわたるのはほぼ六年後。そこに運命ともいうべき邂逅《かいこう》が待ち受けていました。天童山《てんどうざん》の住職となった如浄《にょじょう》禅師がその相手です。

当代随一の禅僧とされた如浄禅師は「曹洞禅」を継いでいました。二人は会った瞬間におたがいを認め合います。道元禅師は探し求めていたほんとうの師を如浄禅師のうちに見つけ、如浄禅師はみずからの教えを継ぐべき才能を道元禅師に見たのです。

中国での五年間の修行を終え、日本に戻ったのは一二二八年、道元禅師二十八歳のときでした。師である如浄禅師から授かった曹洞禅を携えての帰国です。しかし、曹洞禅に対する比叡山の反発は強く、京都での活動は思うにまかせませんでした。

道元禅師は拠点を京都から他の地へ移すことを決意します。大仏寺《だいぶつじ》を開いたのは越《えち》前志比庄《ぜんしいのしょう》。この寺が、のちに永平寺《えいへいじ》と改称されます。現在、永平寺が曹洞宗大本山として、曹洞禅の中心地となっているのは誰もが知るところでしょう。

当時、禅の修行は天台宗《てんだいしゅう》、真言宗《しんごんしゅう》の修行と兼ねておこなわれていました。道元禅師はそれを強く戒めたのです。「仏の悟りを正伝《しょうでん》した祖師方に、他の修行を兼ねたという例はない」という如浄禅師の教えにしたがってのことでした。

道元禅師による純粋な禅、曹洞禅は歴史を流れ始めます。それを全国的な強い流れにしたのは四世の瑩山紹瑾《けいざんじょうきん》禅師です。瑩山禅師は能登に總持寺《そうじじ》を開き、曹洞禅の布教につとめます。

總持寺は現在、神奈川県横浜市に移り、永平寺と並ぶ大本山となっています。曹洞禅では道元禅師を「高祖《こうそ》」、瑩山禅師を「太祖《たいそ》」としています。

一方、臨済禅は曹洞禅より早く、明庵《みんなん》栄西によって日本に伝えられました。ただし、栄西は天台宗の僧であり、そのめざしたところは禅の考え方を天台宗に取り入れ、天台宗の刷新をはかることでした。

栄西が開いた建仁寺《けんにんじ》は京都で最初に建立された禅寺とされますが、実際は禅のみではなく、天台、真言の修行もおこなう「三宗兼学《さんしゅうけんがく》」の道場でした。栄西の活動を中心になって支えたのは源頼朝《みなもとのよりとも》、頼家《よりいえ》親子、頼朝の妻、北条政子《ほうじょうまさこ》です。政子は夫の菩提《ぼだい》を弔《とむら》うため、栄西を鎌倉の壽福寺《じゅふくじ》の開山として迎えています。

本格的な臨済禅を日本に伝えたのは、渡来僧である蘭渓道隆《らんけいどうりゅう》（大覚禅師）です。道隆は北条時頼《ほうじょうときより》の招きで鎌倉に赴《おもむ》き、建長寺《けんちょうじ》の開山となります。この建長寺が、日本における本格的な臨済禅の初の道場となったのです。

その後、道隆は京都建仁寺の住職も務めますが、その間に建仁寺も「三宗兼学」から脱し、純粋な禅の道場となります。

臨済禅の興隆に寄与した日本人僧としては、南浦紹明《なんぽじょうみょう》（大應国師）、高峰顕日《こうほうけんにち》（仏国国師）の二人があげられるでしょう。二人は鎌倉、京都から離れた地を拠点としました。紹明は九州太宰府《だざいふ》の崇福寺《そうふくじ》を、顕日は那須《なす》の雲巌寺《うんがんじ》を拠点としたのです。

紹明のもとからは京都大徳寺《だいとくじ》の開山となる宗峰妙超《しゅうほうみょうちょう》（大燈国師）が、顕日のもとからは天龍寺《てんりゅうじ》の開山となる夢窓疎石《むそうそせき》（夢窓国師）が輩出されています。

国に守られた五山

禅を語るうえで触れておかなければいけないのが「五山制度」です。五山制度とはひとことでいえば、禅寺を国家の統制のもとに置くということです。五山制度は北条《ほうじょう》貞時《さだとき》によって、まず、鎌倉で導入されました。

その後、後醍醐《ごだいご》天皇が京都にもこれを導入。そのときの五山は以下のとおりです。

第一位　南禅寺《なんぜんじ》（京都）　建長寺（鎌倉）
第二位　天龍寺（京都）　圓覚寺《えんがくじ》（鎌倉）
第三位　壽福寺《じゅふくじ》（鎌倉）
第四位　建仁寺（京都）

第五位　東福寺《とうふくじ》（京都）、浄智寺《じょうちじ》（鎌倉）

この時点では鎌倉、京都にそれぞれ五山が定められてはいませんでした。五山がとのうのは一三八六年のことです。その際、南禅寺は「五山之上」に位置づけられました。

五山之上　南禅寺
第一位　天龍寺（京都）　建長寺（鎌倉）
第二位　相国寺《しょうこくじ》（京都）　圓覚寺（鎌倉）
第三位　建仁寺（京都）　壽福寺（鎌倉）
第四位　東福寺（京都）　浄智寺（鎌倉）
第五位　萬壽寺《まんじゅじ》（京都）　浄妙寺《じょうみょうじ》（鎌倉）

五山に定められた寺はさまざまな特権を与えられましたが、その一方で、幕府に対する忠誠を求められ、国家安泰や天皇家、将軍家の祈祷などをおこなうよう義務づけられてもいました。五山制度は、明治維新後まで続きました。

五山に定められた禅寺から気づいた人がいるかもしれませんが、これらはすべて臨済禅の系統です。そのことから、臨済禅はときの朝廷、将軍家など政権中枢に近く、その庇護を受けていたことがわかります。

これは曹洞禅との大きな違いでしょう。曹洞禅はなぜ、中央から距離を置いたのでしょうか。道元禅師は京都にいたこともあり、一時鎌倉に身を置いたこともありましたが、長くとどまることはせず、永平寺に戻っています。

それは師である如浄禅師から、「中央には近づくな。一線を画しておけ」と厳命されていたからです。中央近くにいれば、政治によって翻弄《ほんろう》されかねない、との思いが道元禅師にはあったのでしょう。

後嵯峨《ごさが》上皇が紫衣《しえ》（最高位の僧だけがつけることを許された紫色の衣）を与えようとした際も、道元禅師はきっぱり断っています。これも如浄禅師にならってのことでした。如浄禅師も皇帝から紫衣を贈られましたが、受けとるのを拒絶しています。この師にしてこの弟子あり、の感です。

禅とはきってもきれない関係にあるのが、「日本文化」です。茶道、華道、書道など、日本の伝統文化には「道」のつくものが多くあります。それらはどれも、禅の影響を受けているといっても、けっして過言ではありません。

禅は、日常になじんでいるのでしょうか。

茶、庭、画など、禅からさまざまな文化が花開きました。

禅が根づいたのは鎌倉時代ですが、禅文化が花開くのは室町時代になってからです。担い手は臨済禅の僧たちでした。室町時代になって幕府が鎌倉から京都に移るのと時を同じくして、臨済禅の僧たちも京都に入ってきます。

その中心にいたのが五山僧です。その頃、禅寺には武士がよく訪れていました。命のやりとりをするのが〝常態〟であった武士たちは、禅僧の話を聞き、坐禅を組み、問答をするなかで、心の安らぎを得ていたのです。

やがて、武士だけでなく、文化を担う人たちも集い始めます。禅寺は文化サロンの様相を呈します。その代表格が京都大徳寺でしょう。大徳寺の住職であった一休宗純《いっきゅうそうじゅん》禅師、一休さんは大徳寺の復興を遂げ大徳寺を後にします。その後、京都田辺の酬恩庵《しゅうおんあん》（一休寺）の住職となります。その一休さんのもとには、多くの文化人が通っています。

連歌の飯尾宗祇《いいおそうぎ》、絵の曽我蛇足《そがじゃそく》、茶の湯の村田珠光《むらたじゅこう》、能楽の金春禅竹《こんぱるぜんちく》……といった人たちです。彼らは一休禅師から禅を学び、みずからの道を究めていきます。村田珠光は茶の湯の基礎をつくりあげ、それを弟子の武野紹鷗《たけのじょうおう》が受け継ぎます。茶の湯を大成させた千利休《せんのりきゅう》は紹鷗の弟子です。

その利休は、茶の湯についてこんな言葉を残しています。

「茶の湯とは、ただ湯をわかし、茶を点《た》てて、のむばかりなることと知るべし」

ここでいう**〝ただ〟は、ひたすら、心を込めて、一生懸命に、ということです**。そのかまえで湯をわかし、茶を点《た》て、いただく。何かを思いだしませんか。

「只管打坐《しかんたざ》」。ただ、ひたすら、すわるという、坐禅に取り組む心のかまえとまったく同じです。利休の「侘《わ》び茶」のバックボーンとなっていたのは、禅の教え、禅の心だったのです。

利休の得度《とくど》を受けた後の名は利休宗易《そうえき》ですが、宮中の茶会に際して、諱《いみな》の「利休」を居士号《こじごう》として使用したといわれています。

禅からさまざまな文化が花開いていきました。その意味でいえば、禅は日本文化の源流である、といってもいいと思います。

「禅の庭」の礎を築いた夢窓疎石

「禅の庭」も禅文化を代表するものですが、その礎《いしずえ》を築いたのが夢窓疎石です。国の師として朝廷から認められた高僧に与えられる称号に「国師」というものがあります。疎石はその国師号を七つも有していたことから、「七朝帝国師《しちちょうていこくし》」と呼ばれました。ちなみに、生前に授かったのが、夢窓国師、正覚《しょうがく》国師、心宗《しんそう》国師の三つ、没後にも普済《ふさい》国師、玄猷《げんゆう》国師、仏統《ぶっとう》国師、大円《だいえん》国師の四つを授かっています。名前を冠さずにただ「国師」といえば、それは夢窓疎石のことです。

あらゆる面で傑出した才能を発揮していた疎石ですが、とりわけ「禅の庭」づくりには熱心だったとされています。それはもう、「癖」といっていいほどのもので、実際、「園霞癖《えんかへき》（作庭癖）」がある、との評が定着していました。

作庭現場によく足を運んでいたという記録も残っています。そこでは石の組み方の指示までしたといいますから、「禅の庭」づくりにかける情熱は並外れたものだったようです。

疎石は東北地方をはじめとして、各地をめぐり歩いた僧としても知られています。自然のなかで一人静かに修行生活を送るのが疎石の好みだったようですが、その人物としての魅力ゆえか、望みはなかなか叶いませんでした。

疎石が寺を開いたことを聞きつけると、多くの修行僧が集まってくる。そんなことがたびたび繰り返されたのです。〝求心力〟も並外れていた疎石でした。

いつから作庭に取り組んでいたのか、正確なところはわかりませんが、鎌倉の瑞泉寺《ずいせんじ》の「禅の庭」は早期に手がけたものです。

その後、郷里である甲斐《かい》の国に戻り、恵林寺《えりんじ》（山梨県甲州市塩山）を開きますが、ここでつくった「禅の庭」が、作庭に本格的に取り組む契機となったのです。それまでの作庭では見られなかった石組みが、恵林寺の「禅の庭」ではもちいられています。疎石は京都に入って、石組みを中心とした「禅の庭」を手がけます。西芳寺《さいほうじ》、天龍寺のものはとくに有名です。作品を評するなど、僭越《せんえつ》のそしりを免れませんが、疎石の石組みは、力強さのなかに、そこはかとなく品格が漂う、というのがわたしの印象です。

わたし自身も作庭の際、全体のバランスにことさら注意を払いますが、疎石のバランス感覚はみごとの一語。他をはるかに抜きんでています。

石組みと白砂だけで構成される「枯山水《かれさんすい》」は「禅の庭」を代表する形式ですが、この「枯山水」も疎石から始まっています。その原点ともいうべきものが、疎石の手になる西芳寺洪隠山《こういんざん》の石組みです。

「禅の庭」には作者の心の境地がそのままあらわれます。疎石がつくった「禅の庭」は例外なく、〝国師〟としての高い心の境地を感じさせます。

無限の色をあらわせる墨絵

墨絵は、鎌倉時代に禅とともに日本に伝わりました。当初は「達磨図」など禅の世界を表現するものでしたが、しだいに山水なども描かれるようになります。雪舟《せっしゅう》はもっともよく知られる画僧でしょう。

墨の濃淡だけで描かれる墨絵ですが、こんな言葉があります。

「墨《すみ》に五彩《ごさい》あり」

五彩とは〝無限の色〟ということです。つまり、墨はどのような色でも表現できる、もっといえば、絵の具ではあらわすことができない色さえ描き分けることができる、とこの言葉はいっています。

墨の濃淡に色づけするのは見る人の思い、想像力です。六つの柿を描いた禅画がありますす。一つひとつの柿が墨の濃淡で描かれたものですが、それぞれ風合いが違っています。その風合いから、見る人は柿の熟れ具合を想像するのです。

熟し切った柿を想像する人は、墨に濃い赤色を見るかもしれませんし、まだ、熟さない柿を想像すれば、緑をそこに見るかもしれない。もちろん、赤色にしても、緑色にしても、見る人の数だけバリエーションがあるわけです。

まさに、無限の色が表現されているのです。別のいい方をすれば、そこにどのような色を感じるかは、見る人の想像力にゆだねられているということです。墨の濃淡というシンプルな表現であるがゆえに、想像はいかようにも広がる。

これが禅です。前に「喝《かつ》」についてお話ししました。喝というたった一つの音に、それを聞く人はさまざまな思いを感じとります。喝は無限の言葉を伝えるといっていいでしょう。どのような言葉として受けとるか。それは、やはり、想像力にゆだねられています。

そこに怖さがあります。想像力が貧弱なら、墨絵の柿を見て、

「なぁんだ、色がついてないじゃないか。これではどんな柿だかわからない」

ということにもなりかねませんし、豊かな想像力があれば、どんな柿の色をもそこに見ることができるのです。

禅文化、日本文化は「力量」を問われます。

わたしは「禅の庭」のデザイン、作庭に携わっています。これまで国内外でたくさんの「禅の庭」をつくってきましたが、その都度思うことがあります。

西洋の庭と「禅の庭」の違いです。西洋では通常、庭がつくりやすいようにまず敷地をならします。何もない平らな敷地にデザインにしたがって、木や花々を配し、噴水などをつくり込んでいくわけです。

「禅の庭」をつくる手法は、これとはまったく違います。敷地に傾斜や段差があれば、それをそのまま活かすことを考える、そこに生えている樹木があれば、それを残す

> 日常になじむのは、文化だけではないように思います。
> **禅は「共生《ともいき》」の世界でもあります。折り合いをつけ、調整をします。**

方向でデザインを起こす、という手法をとるのです。

敷地の形状は何百年、何千年にもわたる自然の営みがつくりだしたものです。かりにそれが「禅の庭」をつくるうえで阻害要因になるものであっても、つくり手の都合で勝手に変えてしまうということはしないのです。

彼我《ひが》の違いは、自然観からきています。西洋（キリスト教圏）では、人間と自然にはっきりしたヒエラルキーがあります。すなわち、神という存在が人間をつくった、その人間を支えるのが自然である、という考え方をするのです。

自然は人間にとって「従」の存在ですから、人間がそれをいかように扱おうとかまわない、人間の都合でつくり変えることになんら問題はない、ということになるわけです。これが西洋の自然観です。

一方、**日本の自然観は人間も自然の一部と考えます**。関係は対等です。ですから、その関係のなかで、折り合いをつけながら、どのように「禅の庭」を表現していくか、ということが課題になります。

「**地心《じごころ》を読む**」という言葉があります。土地にはそれぞれ独自の形状があり、光の差し方、影のでき方などがあります。樹木があれば、その大きさや位置も土地によってそれぞれ違うわけです。

それらをじっくり観察し、土地の特徴を把握する。それが地心を読むということです。少し文学的な表現をすれば、土地が語りかけてくるものを読みとる、ということになるかもしれません。

自然と〝相談〟しながらつくっていく。それが「禅の庭」づくりの絶対命題。**自然と人間が調和しながら、おたがいを活かしていく、という禅（仏教）の「共生（ともいき）」の考え方です。**

それを象徴しているのが、日本の原風景ともいわれる「棚田」です。傾斜地に、できるかぎりその地形を損なわないように、小さな田んぼをつくっていく。自然と人間がみごとに共生している姿がそこにあります。

ブルドーザーなどの大型重機を入れ、木は切り倒し、傾斜は崩して、フラットな耕作地をつくる西洋方式とはまるで違っています。

「禅の庭」は、共生の空間表現といっていいでしょう。そこには、禅の世界が細大もらさず広がっています。まさしく、欠くることなく、過ぎることなし、です。共生は禅の骨格をなすものです。

禅の七つの美

禅寺や「禅の庭」、茶の湯、能楽、書（墨跡）……。それら禅芸術、禅文化には共通した要素があります。いずれにも禅の「美」が表現されている。それが共通要素です。自著『禅と美術』のなかで禅の美を七つに分類したのは、京都大学で教鞭をとっていた哲学者の久松真一《ひさまつしんいち》さんです。「不均斉《ふきんせい》」「簡素《かんそ》」「枯高《ここう》」「自然《じねん》」「幽玄《ゆうげん》」「脱俗《だつぞく》」「静寂《せいじゃく》」がその七つ。久松さんの分類を借りて、わたしなりに禅の美を解説していきましょう。

「不均斉」

均斉は釣り合いがとれてととのっていること。たとえば、かたちに少しのゆがみも狂いもなく、絵柄もきちんとシンメトリーになっているカップを思い浮かべてみてください。それが均斉です。

不均斉はその均斉が崩れていることですが、禅の美の一つがそれです。均斉はいってみれば、完成されたかたちです。最終形といってもいいでしょう。つまり、それ以上、広がることも深まることもないのです。

禅はそれを嫌います。禅の修行に終わりがないことはお話ししました。完成することはあり得ないのです。ですから、**禅は均斉（完成）を突き抜け、それを崩すところに、つまり、不均斉に美を見るのです**。

禅とはゆかりの深い茶の湯でもちいる茶器に、その不均斉を見ることができます。茶器の名品といわれるものは、かたちにゆがみがあったり、肌にザラつきやムラがあったりしています。作者はあえてそうしているのです。

その不均斉が見る人、手にとる人の想像力を掻き立てます。「作者はどんな思いでこのゆがみをつくったのだろう？」「この肌のムラで何を伝えようとしたのか？」「窯焼きのときに火のあたり具合で、こんな奇跡が起こったのか？」といった塩梅です。

それはどこまでも尽きることのない、作品の深みであり、広がりでしょう。その深み、広がりをこそ、禅は美とするのです。

「**簡素**」

素朴でシンプルななかに豊かさを感じさせる。それが簡素です。禅はその簡素を美とします。「枯山水」を見たことがあるでしょうか。石と白砂、わずかな植栽を素材とした「禅の庭」です。

京都龍安寺《りょうあんじ》の「石庭」はもっとも有名な「枯山水」ですが、素材として使われているのはわずか十五個の石と白砂のみです。しかし、そこに表現された世界は小宇宙のようなスケールを感じさせます。

じつに豊かでいつまで見ていても見飽きることがありません。心が静まり、穏やかになってきます。

「禅の庭」づくりは、余計なものを削ぎ落とす作業である、といってもいいと思います。素材を絞り込んでいくことはもちろん、作者のなかにある「こうしたい」「ああしたい」という思いも削ぎ落とすのです。

そうして、**もうこれ以上削ぎ落とすものがない、というところまで削ぎ落としたところで、「禅の庭」は成立しています。**そこに簡素で美しく、豊かな世界があらわれてくるのです。

「枯高」

枯高とは「枯れ長けて強い」という意味です。といっても、具体的なイメージが湧かないかもしれません。喩《たと》えていえば、老松の佇まいがそれです。長年の風雪を耐えてきた老いた松は、若い松のように緑の葉を繁らせてはいませんし、枝ぶりも勢いを失っているかもしれません。

しかし、それまでの間、松としての本分をまっとうしてきたことからくる、確たる存在感があります。**巧まざる威厳、枯れた美しさ**、といったらいいでしょうか。これも禅の美です。

その趣《おもむき》があるのが高僧といわれる方たちです。長年修行を重ねることで高い心の境地に達していながら、それがあからさまにあらわれるということがないのです。姿も、立ち居振るまいも、抑制が効いて清々しい。しかも、そこにおられるだけで空気が凛としたものになります。

高みに達すると、「ここまでの境地にきたのだ」という思いが、無意識のうちに表にでてしまうことがあります。それを「**悟臭**《ごしゅう》」といいますが、禅ではけっしてまとってはならないとしています。

自己陶酔の臭気と匂い立つほのかな香り……。どちらが美しいかはいうまでもありません。

「自然」

禅ではこれを「じねん」と読みます。巧まないこと、あるがままでいること、がこの自然です。自然の美は「禅の庭」がまず備えていなければならない、不可欠の要素だと思います。

作庭するわけですから、もちろん、自然《しぜん》そのままを表現することはできません。しかし、「禅の庭」を見る人が、そこに立つ人が、自然《しぜん》との触れ合い、自然《しぜん》に抱かれている感覚、さらにいえば、**自然《しぜん》と一体になるという実感をもてることをめざします。**

そのためには作者が自然でいることが重要です。「見栄えのいい作品にしあげてやろう」「見る人を感動させてやろう」……。そんな思いは必ず作品にあらわれます。自然からどんどん遠ざかっていってしまうのです。

「禅の庭」には、作者のそのときの心の在り様、心の境地といってもいいと思いますが、それが映しだされます。心の境地というのは、そのときのあるがままの自分です。

もちろん、作庭にあたっては、デザインを起こし、模型をつくりますが、いざ、現場に立つときは、素の自分、あるがままの自分をそこに投げ込み、その空間と〝対話〟をしながら、作庭作業を進める、というのがわたしの手法です。

自然から離れてしまった「禅の庭」は美しさを失います。

「幽玄」

見えないものから醸しだされてくる余韻。それが幽玄です。「禅の庭」でいえば、その幽玄の美をつくりだすのが「余白」です。石や白砂、水、植栽などが「禅の庭」を構成する素材ですが、それに匹敵する大切な〝素材〟が何もない空間、すなわち、余白なのです。

たとえば、石組みと木が配された「禅の庭」。石がどのように組まれているか、どのようなかたち、枝ぶりの木が植えられているか、ということは目に見えます。しかし、見る人がその「禅の庭」から感じとるのは、「石組みがこうだった」「こんな木があった」ということではありません。

両者の間の何もない空間が伝えてくるものに、それぞれが想像をめぐらせて、全体

の印象を感じとるのです。想像に委ねられる部分が大きいわけですから、同じ「禅の庭」を見ても、ある人は〝静けさ〟を感じるかもしれませんし、別の人は〝やさしさ〟を感じるかもしれません。

あるいは、〝清々しさ〟を感じる人も、〝穏やかさ〟を感じる人もいるでしょう。それらの違いは、見えないもの（余白）を想像することでもたらされる余韻から生じるのだと思います。

それが幽玄の美です。

「脱俗」

脱俗とは何ものにもこだわらないことです。人はなかなかこだわりから離れられません。それは先入観であったり、世間の常識であったり、思い込みであったり、するわけですが、こだわることでそれに縛られているのです。

こだわりを脱しなさい、そこを突き抜けてしまいなさい、というのが禅の教えであり、禅はそれを美しいとするのです。

脱俗で真っ先に思い浮かぶのが、京都西芳寺（苔寺《こけでら》）の「禅の庭」です。早朝の澄みきった空気のなか、朝靄《あさもや》が立ちこめ、苔のしっとりした緑が目にやさしい。やがて、そこに陽光が幾筋もの彩模様をつくっていく……。

どこにもこだわりのない、自由でおおらか、しかも、清浄とした世界が広がっています。その美しさはほかに喩えようもありません。

もうひとつ脱俗の例をあげるとすれば、七福神の一人である「布袋《ほてい》さん」でしょう。絵をご覧になった人もいると思いますが、布袋さんのいでたちは自由奔放そのものです。着物をはだけて、大きく前に迫りだしたおなかを隠そうともせず、大きな布袋をさげています。そこには施しを受けたものが詰め込まれているのです。

布袋さんのモデルは中国唐代の禅僧ともいわれますが、かりにも七福神の一人という〝格の高い〟立場なのですから、身なりをととのえたらとも思いますが、それはまだま、世間の常識にこだわった見方なのです。

いっさいのこだわりから離れた姿が布袋さんなのです。あのいでたちは、何ごとにもこだわらないまったく自由な心をあらわすものといえます。苔寺の風景とはまるで違っていますが、脱俗の〝かたち〟はさまざまです。

「静寂」

静寂というと、物音ひとつしない静けさをイメージする人が多いでしょう。しかし、禅が美とする静寂は、空間的な〝状態〟のことではなく、心の内なる静けさなのです。

坐禅をしていると、心がスーッと静まっていきます。しかし、周囲に音がないわけではありません。修行中の僧堂でも自然の音は聞こえますし、どこにある禅寺でも周囲ではなんらかの音がしています。そのなかにあって、心がどこまでも静かになる。もっといえば、**喧噪のなかにいても、心は静けさのなかにある。**それが禅の静寂です。

「禅の庭」でも静寂は大切な要素です。そこに身を置くと、景色も音もすべてが心地よく感じられ、時の経つのも忘れてしまう。心は静まりかえり、清らかに息づいていきます。「禅の庭」にはそうした静寂が体感できる場所が設けられています。

ここまで、禅の七つの美について簡単に説明してきました。どれもが禅がめざすべき境地であるということができるでしょう。それを求めて修行を続ける。はてしない道のりです。

日常では、折り合いをつけることに納得できないこともたくさんあります。

風はいつも平等に吹いている——。因果応報の考え方があります。

どんなものごとにも、原因と結果があります。もちろん、原因によって結果は違ったものになります。つまり、もたらされる結果は原因が生みだしているわけです。

「因果応報《いんがおうほう》」

よく知られている言葉だと思いますが、よいおこないをすれば、よい報いがあり、悪いおこないをすれば、悪い報いがある、ということです。これも、もともとは仏教から発したものですが、仏教にはこんな言葉もあります。

「善因善果《ぜんいんぜんか》　悪因悪果《あくいんあっか》」

意味は因果応報と同じです。人は思いもよらない結果になったとき、「こんなはずではなかった」と嘆いたりしますが、そんなことはあり得ないのです。その結果になったのは、そうなるように行動したから、すなわち、そうなる原因をみずからつくったからです。

では、悪い結果に繋がらないようにするにはどうしたらいいのでしょうか。「三業《さんごう》をととのえる」。禅（仏教）はそう説きます。三業とは身業《しんごう》、口業《くごう》、意業《いごう》のことです。

身業は身体にあらわれるすべての動作、所作のことです。日常の行動、立ち居振るまいがそれです。それをととのえるとは、**姿勢を正し、振るまいを美しくする、ということはもちろん、人のために自分の身体を惜しみなく使うということも含まれます。**

逆に慎むべきこととしては、三つの悪業があります。偸盗《ちゅうとう》（盗むこと）、邪淫《じゃいん》（不道徳な性の交わりをもつこと）、殺生《せっしょう》（殺すこと）の三つです。

口業は「語業《ごごう》」ともいい、言葉による作業、つまり、言葉かけ、言葉遣い、発言のことです。相手を思いやり、心に寄り添った、あたたかい言葉を使う、ということが口業をととのえることです。

こちらの悪業は妄語《もうご》（嘘をつくこと）、両舌《りょうぜつ》（二枚舌を使うこと）、悪口《あっく》（悪口をいうこと）、綺語《きご》（飾った言葉を使うこと）の四つです。

意業は意識、心のはたらきのことです。偏見や先入観をもたず、ものごとを正しく見ること、考えることが意業をととのえることです。貪欲《とんよく》（むさぼること）、瞋恚《しんい》（怒ること）、邪見《じゃけん》（間違った考えをもつこと）が悪業にあたります。

日頃の言動を振り返ってみると、悪業をなしていることが少なくないことに気づかされるかもしれません。

口業でいえば、他愛ない嘘をついてしまったり、相手によって自分の意見を変えたり、誰かを噂話の俎上《そじょう》にのせてこき下ろしたり、地位や肩書きのある人におべんちゃらをいったり……。

意業ではお金や名誉を欲しがったり、誰かに理由のない怒りをぶつけたり、人を色眼鏡で見たり、といったことがあるかもしれません。

まず、それらを一つずつあらため、ととのった身業、口業、意業に転じていくことです。**美しい立ち居振るまいをして、言葉遣いがやさしく、ものごとをいつも素直に見ることができる人が、悪い報いを受けたり、酷い結果に苦しんだりする、ということはありません。**それが道理、真理というものです。

よい因縁を結ぶ

「因縁」という言葉は、「因縁をつける」「因縁の仲」などのように、もっぱら悪い意味で使われています。しかし、本来、因は「原因」、縁は結果に繋がる「はたらきかけ」を意味しています。

わたしはよく帆船を例に引いてお話しします。港に停泊している二艘《そう》の帆船があるとします。そのうち一艘は船の整備もきちんとおこない、帆もすぐに張れるようになっています。それに対してもう一艘は整備も中途半端、帆の破れも繕っていない状態です。

さて、出港にもってこいの風が吹いてきます。風というはたらきかけがなされたということです。

前者は、すぐにも帆を張って港をでていくことができます。後者はどうでしょう。こちらは整備が中途半端ですから、船底に穴が開いているかもしれませんし、帆を張っても破れていては、十分に風を孕《はら》むことができません。

ここで重要なのは、**風はどちらにも「平等」に吹いてきているということです。**しかし、後者は結局、その風を見送るしかないのです。

さあ、帆船の状態を因、風を縁と置き換えてみてください。

整備が仕上がっている帆船（因）は、風という縁と結びついて満帆の船出ができます。ところが、整備不足の帆船（因）は縁を取り逃がしてしまう結果となるわけです。

もう少し日常的な例をあげましょう。

上司から仕事のオファがあったとします。これまで手がけたことがない少し高度な仕事です。それまでの仕事に一生懸命に取り組み、誠実にこなしてきた人は、チャレンジ精神が掻き立てられます。「やってみるか！」という気持ちになる。

仕事のオファという縁をしっかり掴《つか》むことができるのです。

一方、仕事をちゃらんぽらんにやってきた人には、手をあげる勇気はありません。尻込みするしかないのです。縁を掴み損ねることになる。

両者の違いは、いうまでもなく、それまでの仕事への取り組み方にあります。「一生懸命」と「ちゃらんぽらん」。それが、それぞれの因となっています。

つまり、よい因をつくっておけば、確実に縁を掴むことができて、そこによい因縁が結ばれますし、よい因をつくっておかなければ、縁はそのまま通り過ぎていってしまうのです。

逆のこともいえます。悪い因をつくってしまうと、悪い縁と結びつきやすくなります。ちゃらんぽらんな仕事をしていたら、

「あいつは仕事もやる気がなさそうだし、時間をもてあましているようだから、ギャンブルに誘ってみるか」

といった悪い誘惑が持ちかけられやすいのです。それにのって悪い因縁を結べば、ギャンブルにはまり、借金地獄となり、最後は身を持ち崩す、という結果にもなりかねません。悪い因縁が、さらに悪い因縁を呼ぶという図式です。

三業をととのえることは、よい因をつくることですし、そのうえで努力、精進をすることが、因にさらに磨きをかけることになります。

「善因善果　悪因悪果」は必然。それが禅の考え方です。

日々のなかで
禅と向き合うことはできますか。

「一日一禅」。一日に一つ、禅の教えに則った振るまいをします。

ふつうに日常生活を送っている人は禅とどう向き合ったらいいのか、どう触れ合ったらいいのか、というのがこの項でお話ししたいことです。

禅の修行がとりわけ厳しいものであることから、修行を積まないかぎり禅と向き合うことなどできない、禅に触れるなどできるわけがない、という印象をもっている人が、まだまだ少なくないのかもしれません。

そんなことはありません。日々の暮らしのなかで禅に触れることはできますし、禅を実践していくことも、誰にでもできるのです。もっともやっていただきたいのは、なんといっても坐禅です。

朝晩、十分でも、二十分でも、坐禅をする時間をもつ。それ以上の禅との触れ合いはありません。しかし、生活スタイルは人それぞれですし、坐禅をするのは難しいという人も少なくないでしょう。

そこで提案したいのが「一日一禅」です。**一日に一つ、禅の教え、考え方に則《のっと》った行動、振るまいをするのです。**新たに何かをするのではありません。それまでしていることを禅の〝作法〟ですればいいのです。

ゆったりとお茶を味わう、丁寧にごはんをいただく、洗面台を使ったら、水滴をきれいに拭っておく……。前の二つは「**喫茶喫飯**《きっさきっぱん》」という禅語を実践することですし、使った場所をきれいにするというのは、重要な禅の修行である「掃除」を心を込めてするということでしょう。

あるいは、常に心配りを怠らず、脱いだ履きものやスリッパをそろえる、ということでもいいのです。「**脚下照顧**《きゃっかしょうこ》」という禅語は履きものをそろえなさいという意味ですから、その実践になります。

わたしの著書を手にとってくださった読者のなかには、毎日、アトランダムにページを開き、そこに書いてあることをその日おこなっている、という人がかなりおられます。たとえば、そのページで紹介している禅語が意味するところを、行動や発言に移してくださっているのです。

「一期一会《いちごいちえ》」

これは茶の湯でよくいわれる禅語ですが、**その人と会う時間は、その場かぎりのことであり、二度と戻ってはこないのですから、精いっぱい相手のことを思い、相手のためにできるかぎりのことをしなさい**、という意味です。

この禅語があるページを開いた日は、その日会う人に十分な心配り、気遣いを尽くして接する。それは申し分のない禅の実践になります。

大切なことは「一日一禅」を継続することです。続けていれば、そのことが身について、習慣になりますし、また、必ず一禅が二禅になり、三禅、四禅……に繋がっていきます。

すると、そうしないではいられなくなります。しないと違和感を覚える、どこか気分が悪い、ということになるのです。それは、自分の身心に禅が取り入れられたことだといっていいでしょう。

清々しい禅の風を感じながら日々を送れるようになる、といういい方をしてもいいと思います。とにかく、「一日一禅」です。

誰もが実践できる無財の七施

「布施《ふせ》」は「四摂法《ししょうぼう》（↓一七〇ページ）」の一つですし、実践すべき徳目でもあります。禅（仏教）では布施を三つに大別しています。「財施《ざいせ》」「法施《ほうせ》」「無畏施《むいせ》」がそれです。財施はお金やものをほどこすこと、法施は仏さまの教えを説くこと、無畏施は人の怖れを取り除くことです。

この三つの布施の実践は、ハードルが高いかもしれません。財施はある程度の物質的余裕がなければできませんし、法施は仏さまの教えを体得していることが条件になります。無畏施も人格の高さや器量が必要になるでしょう。

しかし、もう一つ、誰もができる布施があるのです。「無財の七施」がそれで、以下のものになります。

一　眼施《がんせ》

二　和顔施《わげんせ》
三　言辞施《ごんじせ》
四　身施《しんせ》
五　心施《しんせ》
六　床座施《しょうざせ》
七　房舎施《ぼうしゃせ》

それぞれ簡単に説明しましょう。

眼施は、人に対してやさしいまなざしで接することです。「目力」という言葉もあるように、まなざしが相手に与える印象は強いのです。やさしいまなざしは何より相手を安心させますし、心を開きやすくもなります。

和顔施は、和やかな顔、にこやかな表情で人に接することです。これも相手の安心感に繋がりますし、緊張感を解きほぐすことにもなります。笑顔は相手の笑顔を引きだすことにもなるでしょう。

言辞施は、あたたかい言葉、思いやりのある言葉で人に接することです。言葉はコミュニケーションの重要なツールです。言葉一つで相手を励ましたり、癒やしたり、勇気づけたりすることができる一方、相手を傷つけたり、苦しめたり、悲しませたりすることにもなります。諸刃《もろは》の剣《つるぎ》であるだけに、言辞施は大切なのです。

身施は、自分の身体を使って人のために何かをすることです。何かにつけて「自分が、自分が」と自己主張することが多いのがこの時代です。行動も自分のためだけになりがちですから、身施を心がけることが必要です。

心施は、人のために心を配る、人に心を寄せていくということです。相手とともに喜び、悲しみを分かち合う。それほどすばらしい心の交流はありません。それを相手が感謝をもって受けとめてくれたら、心は幸せ感で満ち満ちます。

床座施は、席や場所を譲ることです。「お先にどうぞ」「こちらにどうぞ」という声かけは、周囲の空気を和やかなものにします。自分がいる席や場所を〝手放す〟のは難しいものですが、それだけにそれができる人は輝くのです。

房舎施は、自分の家を提供することです。四国八十八か所をめぐるお遍路さんに宿を提供したり、招き入れてお茶を振るまったりする「お接待」という習慣はいまも続いています。房舎施の実践でしょう。

日々の暮らしのなかでこの無財の七施につとめていく。それも「一日一禅」といっていいでしょう。眉間にシワが寄りそうなときこそ眼施を思いましょう。口が「へ」の字になりそうになったら和顔施を心がけて口角を上げましょう。

自分から明るく「おはようございます」と挨拶の言葉をかける、人に何かをしてもらったら「ありがとう」を忘れない、といったことは言辞施にあたります。

高齢者の荷物をもってあげたり、電車のなかで女性の手荷物を網棚にのせてあげたり、身体の不自由な人に手を貸したり……。すぐにもできる身施はたくさんあります。率先して飲み会の幹事役を引き受け、とりまとめに動くことも身施です。

悩んでいたり、苦しんでいたりする友人の話を親身になって聞く、同僚の昇進や出世に心から拍手を送る、知人の慶弔時にお祝いのメッセージを届ける、心励ます手紙を書く……。身近なところに、心施の機会はいくらでもあります。

公共交通機関で、高齢者や身体の不自由な人、妊婦さんなどに席を譲るのは、文字どおりの床座施ですが、仕事を自分で抱え込むのではなく、後輩にまかせるということも、ポジションを譲るということですから、床座施といっていいでしょう。

房舎施では、大切な人、親しい人を招いて「おもてなし」することを考えたらいいかがでしょう。相手に心地よい時間を過ごしていただくために、振るまう料理に知恵を絞ったり、部屋をこぎれいに片づけて、花を飾ったり……。

ひとしきり時間が経ち、お送りするとき、相手から、

「お招きいただいてありがとう。とても楽しい時間を過ごせました。うかがってほんとうによかった……」

そんな言葉がいただけたら、すてきな房舎施が実践されたことになります。

「無財の七施と聞いて、難しく考えていましたが、できそうな気がしてきました」

そう思っていただけたら、どれでもいいのです、すぐにも実践に移してください。

「一日一禅」も〝即行動〟です。

禅と向き合うことに、他にどんなことがあるでしょうか。

お釈迦さまの教えを一字一句書く、写経があります。

お経を書き写す「写経」は、お釈迦さまの教えを書いて残す、ということにはじまっています。教えを伝えるべく、弟子たちはその方法をさまざまに試行錯誤してきたのではないかと思います。

最初の手段は当然〝口伝《くでん》〟でした。それが文字というツールを得て、古代インドの言語サンスクリット語、パーリ語で書かれるようになり、それが中国に渡って漢字に翻訳されました。

はじめて経典が編まれたのは、お釈迦さまの入滅《にゅうめつ》後五百年ほど経ってからとされています。印刷技術などあるはずもなかった時代ですから、お釈迦さまの教えを広く伝えるためには、その一文字一文字を書き写していくしかなかったわけです。

その行為は同時に、お釈迦さまの弟子たちにとっては修行そのものでした。「一字一仏」という言葉があります。一文字を書くことは、仏さまを一体彫るに等しく、それはまさに、言葉の一つひとつを〝読みとる〟〝感じとる〟修行でもあったのです。

時代を経て、写経は一般にも広がっていきました。先祖供養や心願成就など、さまざまな願いを込めておこなわれるようになったのです。昨今は願いを叶えるためというだけではありません。個々人固有な理由から写経をする人が増え、いわゆる〝ブーム〟が巻き起こっています。

「写経をすると、心が落ち着いてきて、清々しい気持ちになる」

「何も考えずに一心に写経をしている時間は、とても充実感がある」

そんな声をよく耳にします。現代は心が騒ぐことが多い時代です。迷いも多いでしょう。そうした日常の暮らしのなかで心を鎮め、安らかにすることはそう容易なことではないはずです。そうした時代の流れもブームに拍車をかけているのだと思います。

「写経をする意味はどこにあるのですか？」

そう問われたら、心の平穏、安寧、清浄にある、とわたしは答えます。心を込めてひたすら文字を書き写すことは、心を穏やかに、安らかに、また、清らかにする、と考えるからです。

写経にも作法がある

禅では坐禅はもちろん、あらゆる所作に作法があります。写経も作法に則っておこなわなければいけません。

写経に取り組むときは、まず、身体を浄めます。手を洗い、口をすすぎます。態勢は正座でも、椅子に坐ってでもかまいませんが、背すじはまっすぐ伸ばして、前かがみにならないようにします。姿勢を正しく保つには、高さがおへそのあたりまである机がいいと思います。

姿勢がととのったら、次は呼吸をととのえます。一度大きく丹田呼吸をしてから、ゆっくりとした通常の呼吸に戻します。そして合掌。深くお辞儀をして、書き写す「般若心経」を唱えます。

とはいっても、これはなかなか難題かもしれません。まず、短いセンテンスから始めてみてはいかがでしょう。最初の一行、もしくは最後の二行を唱え、書き写す。これなら取り組みやすいのではないでしょうか。

墨の香りには心を安定させる効果もありますから、本来は墨をすって筆で書くのがいいのですが、筆ペンやボールペンで書いてもかまいません。それぞれがやりやすい方法で臨みましょう。

いまはお手本が市販されていますから、それをなぞるところから始めるのが、取り組みやすいと思います。ただし、心持ちは「**一字一仏**」です。文字に思いを込めて、丁寧に書きましょう。

上手に書こうなどと思う必要はありません。文言の意味を考える必要もなし。無心で一文字一文字を書き写していく、そのことだけに集中してください。

書き終わったら「普回向《ふえこう》」を唱えます。読経のあとに必ず唱える文言のことを「回《え》向文《こうもん》」といいますが、もっとも多く唱えられているのがこの普回向です。

願《ねが》わくは
この功徳《くどく》を以《も》って　普《あまね》く一切《いっさい》に及《およ》ぼし、
我《われ》らと衆生《しゅじょう》と　皆共《みなとも》に仏道《ぶつどう》を　成《じょう》ぜんことを

すべての人に功徳があり、みんなで仏の道を成就できますように、という意味です。最後に再び合掌して深くお辞儀をします。これで写経は終了となります。

「般若心経」二六二文字

写経されるお経はいくつかあります。たとえば、日蓮宗《にちれんしゅう》系は「法華経《ほけきょう》」という具合ですが、一般の写経では九割以上が「般若心経」をもちいます。「般若心経」は六百巻を超える「大般若経」の真髄を二六二文字（本文）に凝縮したお経です。参考までに「般若心経」の全文とその意味を紹介しておきましょう。

魔訶般若波羅蜜多心経《まかはんにゃーはーらーみーたーしんぎょう》

仏さまの偉大な智慧（空）を説き、悟りへの道を示すお経。

観自在菩薩《かんじーざいぼーさー》　行深般若波羅蜜多時《ぎょうじんはんにゃーはーらーみーたーじー》
照見五蘊皆空《しょうけんごーおんかいくう》　度一切苦厄《どーいっさいくーやく》

観音さまは仏さまの智慧を実践していたとき、真理を見きわめました。そして、人を成り立たせている五蘊《ごうん》（身体と心）はみな実体のない「空」であり、誰もがすべての苦しみや災厄から救われるとしたのです。

舎利子《しゃーりーしー》　色不異空《しきふーいーくう》　空不異色《くうふーいーしき》
色即是空《しきそくぜーくう》　空即是色《くうそくぜーしき》

舎利子（お釈迦さまの弟子の一人）よ、かたちあるものはかかわりによって存在し、かかわりがかたちあるものを成立させています。かたちあるものも実体などなく、移り変わっていくなかで、かかわりを得てかたちあるものとなっているのです。

受想行識《じゅーそうぎょうしき》　亦復如是《やくぶーにょうぜー》

人が感じる、想う、意志をもって動く、認識する、といったことにもまた実体はありません。それもまた、かかわりによって生じているのです。

舎利子《しゃーりーしー》　是諸法空相《ぜーしょーほうくうそう》

不生不滅《ふーしょうふーめつ》　不垢不浄《ふーくーふーじょう》　不増不減《ふーぞうふーげん》

舎利子よ、この世のすべては、移ろい、かかわり合いながら存在しています。生じたり、減じたりすることもなく、きれい、汚いの別もありません。増えることも、減ることもないのです。

是故空中無色《ぜーこーくうちゅうむーしき》　無受想行識《むーじゅーそうぎょうしき》

なぜなら、かたちあるものも、感じたりするものも、考えたりすることも、実体がないからです。

無眼耳鼻舌身意《むーげんにーびーぜっしんにー》　無色声香味触法《むーしきしょうこうみーそくほう》
無眼界《むーげんかい》　乃至無意識界《ないしーむーいーしきかい》

視覚、聴覚、嗅覚、味覚、触覚の五感も、心の作用である第六感もなく、色も香りも味も感触も、心が感じるものもないのです。目で見える、音が聞こえる、香りがする、味わう、触れるという世界もなく、心が感じる世界もありません。

無無明《むーむーみょう》　亦無無明尽《やくむーむーみょうじん》

乃至無老死《ないしーむーろうしー》　亦無老死尽《やくむーろうしーじん》

真理が明らかでない無明の状態もなく、またその状態が尽きることもありません。老いも死もなく、老死の苦しみが尽きた世界もないのです。

無苦集滅道《むーくーしゅうめつどう》　無智亦無得《むーちーやくむーとく》　以無所得故《いーむーしょーとくこー》

お釈迦さまが説いた「四諦（苦・集・滅・道）」の真理にもとらわれず、智慧もご利益も手放してしまいなさい。手にしているもののすべては実体がないのですから、そもそも得るということ自体がないのです。

菩提薩埵《ぼーだいさったー》　依般若波羅蜜多故《えーはんにゃーはーらーみーたーこー》
心無罣礙《しんむーけーげー》　無罣礙故《むーけーげーこー》　無有恐怖《むーうーくーふー》

「菩薩」は悟りに至る最高の智慧をもっています。ゆえに、心にはなんのこだわりもありません。怖れすらもち合わせていないのです。

遠離一切顛倒夢想《おんりーいっさいてんどうむーそう》　究竟涅槃《くーぎょうねーはん》

間違った見方や真理に外れた考えから遠く離れることで、悟りへの道は開かれ、心の安息すらも得ることができるのです。

三世諸仏《さんぜーしょーぶつ》　依般若波羅蜜多故《えーはんにゃーはーらーみーたーこー》
得阿耨多羅三藐三菩提《とくあーのくたーらーさんみゃくさんぼーだい》　故知般若波羅蜜多《こーちーはんにゃーはーらーみーたー》

過去・現在・未来（三世）に通じる真理を知ることによって、究め尽くすことのできない最高の悟りを得たのです。「空」を知る智慧が完成したのです。

是大神呪《ぜーだいじんしゅー》　是大明呪《ぜーだいみょうしゅー》　是無上呪《ぜーむーじょうしゅー》
是無等等呪《ぜーむーとうどうしゅー》　能除一切苦《のうじょーいっさいくー》　真実不虚《しんじつふーこー》

その智慧は「悟りの真言《しんごん》」「大いなる真言」「無常の真言」、そして「比べるもののない真言」です。それはすべての苦を取り除く、偽りなき真実です。

故説般若波羅蜜多呪《こーせつはんにゃーはーらーみーたーしゅー》　即説呪曰《そくせつしゅーわつ》

さあ、完成した真言を説きましょう。観音様の説かれる真言とは、

羯諦《ぎゃーてー》　羯諦《ぎゃーてー》　波羅羯諦《はーらーぎゃーてー》

行こう、行こう、ともに行こう、

波羅僧羯諦《はらそうぎゃーてー》　菩提薩婆訶《ぼーじーそわかー》

わたしもみなも、ともに行こう、悟りの境地へ。

般若心経《はんにゃーしんぎょう》

これが最高の智慧の真髄を説くお経「般若心経」です。

不立文字《ふりゅうもんじ》　教外別伝《きょうげべつでん》

直指人心《じきしにんしん》　見性成仏《けんしょうじょうぶつ》

禅は心から心に伝えるものである。自分を見つめ、「本来の自己」と出会うのが禅である。

一切衆生悉有仏性《いっさいしゅじょうしつうぶっしょう》

この世に存在するものには、すべて仏性が備わっている。

趙州洗鉢《じょうしゅうせんぱつ》

すぐさま、心を込めてやる。それが禅の修行である。

面壁《めんぺき》九年《くねん》

達磨大師が壁に向かって九年間すわった後、悟りを開いた。一つのことに忍耐強く専念して、やり遂げる。

本来《ほんらい》無《む》一物《いちもつ》

本来、とらわれるべきものなど何もない、いっさいが空であり、無である。

曹源一滴水《そうげんのいってきすい》

禅の正しい教えの源は、六祖慧能（曹渓）にある。

墨《すみ》に五彩《ごさい》あり

墨はどのような色でも表現できる。絵の具ではあらわすことができない色さえ描き分けることができる。

因果応報《いんがおうほう》

よいおこないをすれば、よい報いがあり、悪いおこないをすれば、悪い報いがある。

善因善果《ぜんいんぜんか》　悪因悪果《あくいんあっか》

その結果になったのは、そうなるように行動したから。そうなる原因をつくったからである。

脚下照顧《きゃっかしょうこ》

履きものをそろえる。転じて、自分の足もとをよく見る。

一期一会《いちごいちえ》

その人と会う時間は、その場かぎりのこと。精いっぱい相手を思い、できるかぎりのことをする。

おわりに

本書を読み終えられて、どんな印象をもたれたでしょうか。

「〝いま〟という瞬間を一生懸命にやることがどれほど大切であるかがわかった」

「禅と日本文化の深いかかわりに驚いた」

「禅語や禅僧についてのエピソードが興味深かった」

そんな印象をもたれたとしたら、それは禅がグッと身近になったということにほかなりません。その余勢をかって、さらに禅に近づきましょう。ぜひ、禅を「体感」していただきたいのです。

もちろん、全国各地の禅寺で開かれている坐禅会に参加するのもいいですが、もっと手軽にと考えるなら、「禅の庭」に立つのはいかがでしょう。道元禅師《どうげんぜんじ》はこんな歌を詠まれています。

春は花
夏ほととぎす
秋は月
冬雪さえて冷《すず》しかりけり

それぞれに美しい日本の四季を詠ったものです。そう、わたしたち日本人は鮮やかに、くっきりと、色分けされた四季とともに生きているのです。そんな世界に類を見ない恵まれた環境にいながら、四季の美しさを十分に感じることがないというのが、現代人の実情ではないでしょうか。

とりわけ都会で暮らす人は、四季の移ろいに鈍感です。冷暖房が完備された住まいとオフィスを往復する日々では、春風のやわらかさや木々の芽吹きも、暑い夏のさなかに吹き抜ける一陣の風の涼味も、秋の葉の色づきや落ち葉のやさしい踏み心地も、冬の大気の凛とした静けさも、ほとんど感じることがないのではないでしょうか。

四季を感じるのに「禅の庭」ほどふさわしい場所はありません。禅ではよくこんないい方をするのですが、四季折々に〝まるごと〟春が、夏が、秋が、冬が、そこに広がっています。

春夏秋冬、それぞれの一日、「禅の庭」に立ってみませんか。そして、その佇まいから漂ってくるものを身体いっぱいに感じてください。それは、そのまま禅の世界を体感することです。

「禅の庭」は、本文でお話しした禅の七つの美（「不均斉《ふきんせい》」「簡素《かんそ》」「枯高《ここう》」「自然《じねん》」「幽玄《ゆうげん》」「脱俗《だつぞく》」「静寂《せいじゃく》」）が凝縮された空間です。それらに触れることで、心が穏やかになったり、癒やされたり、勇気づけられたりするはずです。

「禅の庭」はいつも、そのときどきの季節をあるがまま、そのままに映しだして、そこにあります。ですから、そこに立つことであるがまま、そのままの自分に立ち戻ることができるのだと思います。

心がさまざまに揺れ動いたり、騒いだりすることが多いこの時代。

「禅の庭」には心の処方箋としての意味合いもある、とわたしは思っています。とにかく一度、でかけてみてください。

合掌
枡野俊明

枡野俊明（ますの・しゅんみょう）
1953年、神奈川県生まれ。曹洞宗徳雄山建功寺住職、多摩美術大学環境デザイン学科教授、庭園デザイナー。大学卒業後、大本山總持寺で修行。禅の思想と日本の伝統文化に根ざした「禅の庭」の創作活動を行い、国内外から高い評価を得る。芸術選奨文部大臣新人賞を庭園デザイナーとして初受賞。カナダ総督褒章。ドイツ連邦共和国功労勲章功労十字小綬章を受章。また、2006年「ニューズウィーク」誌日本版にて「世界が尊敬する日本人100人」にも選出される。庭園デザイナーとしての主な作品に、カナダ大使館、セルリアンタワー東急ホテル庭園、ベルリン日本庭園など。
主な著書に『人生をシンプルにする禅の言葉』（だいわ文庫）、『心配事の9割は起こらない』（三笠書房）、『傷つきやすい人のための 図太くなれる禅思考』（文響社）などがある。

本作品は小社より二〇一七年一一月に刊行されました。

だいわ文庫

人生《じんせい》を整《ととの》える禅的考《ぜんてきかんが》え方《かた》

著者　枡野俊明《ますのしゅんみょう》

二〇一九年一〇月一五日第一刷発行

発行者　佐藤 靖
発行所　大和《だいわ》書房
東京都文京区関口一－三三－四　〒一一二－〇〇一四
電話　〇三－三二〇三－四五一一
フォーマットデザイン　鈴木成一デザイン室
本文デザイン　庄子佳奈
編集協力　吉村 貴
本文印刷　厚徳社
カバー印刷　山一印刷
製本　小泉製本

ISBN978-4-479-30786-0
乱丁本・落丁本はお取り替えいたします。
http://www.daiwashobo.co.jp